·2018 湖北省社科基金项目一般项目（后期资助），立项号 2018016
·中南财经政法大学中央高校基本科研业务费专项资金资助，项目号：
  2722019JCG090

欧盟反恐法研究

魏怡然　著

RESEARCH ON
EU ANTI-TERRORISM LAW

中国社会科学出版社

图书在版编目（CIP）数据

欧盟反恐法研究 / 魏怡然著. —北京：中国社会科学出版社，
2019.12

ISBN 978 - 7 - 5203 - 4854 - 6

Ⅰ.①欧…　Ⅱ.①魏…　Ⅲ.①欧洲联盟－反恐怖活动
－国家安全法－研究　Ⅳ.①D950.21

中国版本图书馆 CIP 数据核字（2019）第 178598 号

出　版　人　赵剑英
责任编辑　赵　丽
责任校对　李　剑
责任印制　王　超

出　　　版　中国社会科学出版社
社　　　址　北京鼓楼西大街甲 158 号
邮　　　编　100720
网　　　址　http://www.csspw.cn
发　行　部　010 - 84083685
门　市　部　010 - 84029450
经　　　销　新华书店及其他书店

印　　　刷　北京明恒达印务有限公司
装　　　订　廊坊市广阳区广增装订厂
版　　　次　2019 年 12 月第 1 版
印　　　次　2019 年 12 月第 1 次印刷

开　　　本　710×1000　1/16
印　　　张　14
字　　　数　201 千字
定　　　价　68.00 元

序

程卫东

（中国社会科学院欧洲研究所研究员，中国欧洲学会欧洲法律研究分会会长）

　　"9·11事件"之后，恐怖主义一直是欧洲挥之不去的一个严重问题，恐怖主义与反恐在欧洲日益成为一个热门话题，反恐也成为欧盟面临的一项持续的重要而急迫的任务。在过去十多年中，就反恐问题，欧盟制定了全新的战略，通过了大量立法，采取了很多政策与行动。从效果上看，欧盟反恐取得了显著的成效，但同时也存在着很多待解决的问题。作为国际上反恐形势最为严峻的区域之一，作为国际上一只重要的反恐力量，欧盟的反恐实践，既具有重要的借鉴与参考价值，也具有重大的学术研究价值，值得学界关注与研究。但对欧盟反恐法开展研究，殊非易事，其原因不仅在于当代欧洲恐怖主义产生与存在背景的复杂性，而且在于欧洲反恐机制赖以形成的基础的特殊性。

　　欧洲恐怖主义产生与存在的原因极其复杂，使得欧洲的恐怖主义除与其他区域的恐怖主义具有共同或类似的特征外，还具有欧洲的特殊性，其中两个方面即欧洲恐怖主义的跨国性与综合性尤其值得关注。

　　欧洲恐怖主义的跨国性不是指通常意义上因全球化而使得包括恐怖主义在内的很多现象具有全球或跨国的特征，而是指具有欧洲一体化特征的跨国性、泛欧性。欧洲一体化一个重要而显著的成就是逐步取消或弱化了国家间边界的意义与限制,人员、商品、服务与资本在整个欧共体 / 欧盟范围内自由流动,在此基础上,欧洲一体化从最初的经济领域逐步向其他领域发展。欧洲一体化无疑促进了欧洲经济与社会的发展,促进了欧洲的团结,使欧洲在整体上继续成为世界上的一支重要力量。但与此同时,原先限于一国之内的很多负面社会现象与问题也随之向欧洲范围内扩展,具有了跨国与泛欧的特征,其中一个重要方面就是恐怖主义与跨国犯罪。从这个意义上看,泛欧的恐怖主义是在欧洲一体化发展到一定阶段随之而产生的社会现象与社会问题,它超出了一国的范围,恐怖主义的组织形式、活动范围与影响都具有跨国性、泛欧性,这一特征要求必须在欧洲层面上采取共同行动,才能打击、遏制恐怖主义的发生与蔓延。

随着欧洲恐怖主义日趋具有跨国性与泛欧性,欧洲恐怖主义涉及的问题与领域不断扩展,不断呈现出新的综合性特征。一方面,各国的传统恐怖主义相互融合、相互借鉴,欧洲的恐怖主义类型不断增多,不断复杂化;另一方面,随着欧洲安全环境的不断变化及内部安全防线外移,欧洲的恐怖主义不再只是一个欧洲领域内的犯罪问题,而日益被视为是一种新的安全威胁,从而成为一个安全问题。欧洲恐怖主义问题安全化与综合性特征的发展,使得必须采取全面的、综合性的方法才能有效应对恐怖主义。

但是,问题并不那么简单。一方面,随着欧洲恐怖主义的发展,欧洲国家认识到要打击欧洲的恐怖主义,必须在欧洲层面开展国家间合作。基于此,早在 1975 年 12 月,欧共体国家之间就开始建立打击恐怖主义及其他跨国犯罪的网络,即特莱维集团(TREVI Group)。但另一方面,在"9·11事件"之前,欧洲层面打击恐怖主义手段并不多,取得的成果很有限。这当然与"9·11事件"之前欧洲面临的恐怖主义形势并不是那么急迫有一定的相关性,但更重要的是，欧盟在反恐领域的合作一直缺乏强有力的法律基础，而只有将反恐纳入法治的框架，欧洲层面的反恐行动才具有合法性，对欧盟成员国才能具有法律约束力。

欧盟能否通过反恐立法取决于欧盟的权能。在权能方面，欧盟实行的是授权原则，只有成员国通过欧盟基础条约赋予欧盟立法与行动权能，欧盟才能通过相关的立法，才能采取相关的行动。在作为欧共体成立之基础的《罗马条约》中并没有有关反恐及打击其他跨国与有组织犯罪的机制与法律基础，1975年起始的欧洲层面的反恐合作实质上还是政府间的合作，具有传统的政府间合作的特征与局限性，对成员国法律约束力较弱，而且合作的范围也有限，主要合作方式是在成员国之间交换与恐怖主义威胁相关的信息，并在制定反恐战略上进行协调。除此之外，欧共体/欧盟并没有采取实质性的措施。

1992年生效的《欧洲联盟条约》及其后的《阿姆斯特丹条约》为欧盟通过打击恐怖主义立法、采取反恐措施奠定了新的条约基础，但欧盟反恐立法获得突飞猛进发展的催化剂是"9·11事件"。"9·11事件"让欧洲人认识到了恐怖主义威胁的重大与急迫性。在此之后，欧洲的恐怖袭击事件不断出现，形式多样，打击恐怖主义成为欧洲人面临的一项切切实实的现实任务。立法权能的确立与形势的迫切需要，推动了欧盟反恐立法的快速发展，欧盟反恐立法取得了很大的成就，在很多方面结合欧洲一体化的进程与成就，进行了制度上的创新，如欧洲逮捕令，提高了反恐的效率与有效性。

但是，由于欧洲恐怖主义的特殊性与欧盟一体化的特殊性，欧盟反恐立法在取得重大成就的同时，也存在着很多问题与局限性，特别是：（1）欧盟反恐法的碎片化问题，由于欧洲恐怖主义的综合性特征，要求欧盟必须通过系统的立法，既要从根源上解决恐怖主义产生的原因,又要从不同方面协同打击恐怖主义。但是,由于欧盟在不同领域所拥有的权能不同,欧盟无法从反恐的实际需要出发进行协同立法,而只能从自身权能出发,对不同事项通过不同的法律或政策,这必然导致欧盟反恐法的碎片化。(2)欧盟反恐法与其他法律之间的协调问题,由于欧盟反恐法的首要价值是安全,在反恐作为当务之急的情况下,欧盟在通过反恐立法时,对如何平衡安全与人权这两个价值之间的关系,未做深入的探讨,引起了很多人对欧盟反恐法在人权保护方面的担忧。(3)欧盟反恐法与成员国的宪政冲突问题,由于反恐涉及政治与宪政问题,欧盟成员国在很多重大而敏感问题上立场并不完全一致,欧盟的反恐立法在某些方面触及到了这些敏感问题,引起了成员国的高度关注,某些法律与行动在成员国内部引起了合宪性的争议,在某种程度上影响了欧盟反恐立法的效力与效果。

综上所述,欧盟反恐法既有很多制度上的创新与发展,又存在着很多问题。对欧盟反恐法进行研究,既有助于我们加深对恐怖主义与反恐法律制度的认识,又有助于借鉴欧盟的反恐法律创新经验,推动中国反恐立法与实践的发展。但由于欧盟反恐法自身存在的诸多问题与体系内部的潜在矛盾,对欧盟法反恐法进行系统研究,需要克服的困难很多。

国内已有很多研究欧盟反恐立法、政策与行动的学术成果,但魏怡然博士的著作《欧盟反恐法研究》仍具有自己的特色,它是国内为数不多的系统研究欧盟反恐法的学术成果之一。该著作首先通过对欧盟恐怖主义演进历史进程进行跟踪研究,探讨了欧盟恐怖主义产生的独特背景与特征,并以此为基础,分析、探讨了欧盟反恐立法的条约基础、欧盟在若干重要领域反恐立法的发展及涉及的若干重要问题。通过上述探讨与分析,总结了欧盟反恐法的基本特征,分析了欧盟反恐法存在的问题。它既从整体上把握了欧盟反恐法发展的脉络、整体结构与特征，又具体分析了欧盟重要的反恐立法；既肯定了欧盟反恐立法的成就，又总结了欧盟反恐立法的不足与局限性。当然，如上所述，由于欧洲恐怖主义的特殊性与综合性，以及欧盟本身的特殊性，欧盟反恐法不只是一个欧盟内部法律问题，还涉及到政治、社会、国际法、国际关系等广泛的领域与问题，极其复杂，对同一问题，也可能存在着不同的理解与争议。一部著作不可能穷尽所有问题，有很多重大问题，魏怡然博士的著作未涉及到，这是可以理解的；但在我看来，该著作是一部既有实证分析，又有作者自己立场与见解的学术著作，同时也为后续进一步研究奠定了良好的基础。该著作倾注了作者的心血，值得一读。

魏怡然博士在 2013 年 12 月至 2017 年 3 月间曾在中国社会科学院欧洲研究所做博士后研究。其间，作为她的博士后合作导师，我与她有很多学术上的交流，对她的研究工作一直很关注。她选择欧盟反恐法作为博士后研究题目，自始她就知道这项研究将具有很大的挑战性。在做博士后期间，她克服了很多困难，对欧盟反恐法进行了系统的梳理与研究，完成了既定研究目标，博士后出站报告也顺利通过了答辩。我一直建议她尽快把该研究报告交付出版，但她觉得有很多问题还需进一步研究，报告还需进一步完善。经过两年多的修订、补充，书稿终于定稿。这一过程，既说明了欧盟反恐法这一主题的复杂性与研究难度，也说明了魏怡然博士对待学术认真、负责的态度。

在本书付梓之际，应魏怡然博士之邀，很高兴写几句我关于欧盟反恐法的一点认识，既作为我读完书稿的一点体会，也以之祝贺《欧盟反恐法研究》的出版，并期待魏怡然博士更多、更好的学术成果问世。

目　　录

导　　论

一　研究问题的背景

　　欧盟反恐法在产生初期体现出协调反恐刑法规定、促进成员国间刑事司法合作的特点，与美国主张的"反恐战争"模式显得截然不同。自 2015 年开始，欧盟屡遭恐怖袭击，难民危机的影响和外国恐怖主义战斗人员的回流加剧了欧盟安全环境的恶化。面对演变的恐怖主义威胁，欧盟快速更新了反恐法。现阶段的反恐法具有以大规模监控为手段，以情报收集为基础，提前执法时间的新趋向，呈现出鲜明的预防特征和控制意图。

　　本书的研究目的是分析欧盟反恐法发生预防性转向的原因。计划在全球反恐和欧盟安全治理的大背景下，以欧盟反恐法为研究对象，以反恐法的阶段性变化为研究重点，在分析欧盟反恐法的演进历程和成就的基础上，对预防性转向的欧盟反恐法，包括欧盟反恐刑法、反恐融资法、反恐金融制裁和反恐合作机制的规则、特点、功能、存在的问题和具体原因做深入分析，对欧盟反恐法做总体评价，探讨其发展的动力，转向的原因和完善方法。

二　研究的理论与现实意义

　　理论意义方面，本书从内容上具有系统性和创新性，能够在一定程度上填补这一领域的国内学术研究空白；本书的内容设计注意兼顾规范分析和执行研究，兼顾欧盟反恐要解决的实际问题和欧盟反恐法规范的系统性，能够在一定程度上弥补现有国内外相关学术研究成果存在的片面性和碎片化的缺憾。

现实意义方面，本书对于中国反恐法的完善和中欧反恐合作的开展具有重要参考意义。欧盟反恐法对于外国恐怖主义战斗人员的治理、恐怖主义预备行为和辅助行为的规制和欧盟反恐法的预防功能，能够为中国反恐法相应方面的完善提供灵感。

三　国内外研究现状

欧盟反恐法的国外研究成果数量较多，研究重点比较分散。在研究欧盟反恐法的学者中，研究刑法、行政法、国际组织法、金融法的学者较为活跃，Valsamis Mitsilegas、Christina Eckes 和 Cian C. Murphy 等人持续有相关论著产出，学术影响较大。国外法学学者更多是通过文献分析方法、历史分析方法、比较分析方法和跨学科研究方法来研究欧盟反恐法，主要关注的问题和思路可以概括为：1. 欧盟反恐法的整体阐述和评价。这方面的研究成果数量最多。Filip Tuček and Richard Warnes[1]、Oldrich Bures[2]、Maria O'Neill[3] 针

---

[1]　Filip Tuček and Richard Warnes, "The European Union against Terrorism: Challenges and Future Opportunities" in S. Romaniuk, F. Grice, D. Irrera and S. Webb, *The Palgrave Handbook of Global Counterterrorism Policy*, London: Palgrave Macmillan, 2017.

[2]　Oldrich Bures, *EU Counterterrorism Policy, A Paper Tiger?* Farnham: Ashgate 2011.

[3]　Maria O'Neill, *The Evolving EU Counter-Terrorism Legal Framework*, Oxford: Routledge, 2012.

对不同发展阶段欧盟反恐法的规范、构成和特点进行了系统阐述和分析；Jörg Monar[1] 探讨欧盟反恐法的演进历程，对其快速发展取得的成绩作出了正面评价；Marieke de Goede [2] 认为欧盟对安全的追求和预防的重视影响了欧盟反恐法各个构成部分的内容和发展趋势。2.分析欧盟反恐法存在的问题。例如，Doron Zimmermann[3] 认为欧盟反恐法制度分散，缺乏安全治理能力，效力不佳；Javier Argomaniz[4] 认为欧盟反恐立法模式的缺陷导致欧盟的反恐机构在短时间内发展得过于庞大；Christina Eckes 认为欧盟反恐法经过十几年的发展，成为一个越来越复杂和有争议的制度 [5]。3.批判欧盟反恐法的负面影响。通过分析研究，有相当数量的法学学者认为欧盟反恐法对法治和人权有负面影响。例如，Cian C. Murphy[6] 认为欧盟反恐法支持对个人自治进行强制控制的法律体系，削弱了法治；

① Jörg Monar, "The EU's Approach Post-September 11: Global Terrorism as a Multidimensional Law Enforcement Challenge", *Cambridge Review of International Affairs*, Vol.20, 2007.

② Marieke de Goede , "The Politics of Preemption and the War on Terror in Europe", *European Journal of International Relations*, Vol.14, 2008.

③ Doron Zimmermann,"The European Union and Post-9/11 Counterterrorism: A Reappraisal", *Studies in Conflict & Terrorism*, Vol.29, Issue 2, 2006, pp.123–145.

④ Javier Argomaniz, "Post-9/11 Institutionalisation of European Union Counter-terrorism: Emergence, Acceleration and Inertia", *European Security*, Vol.18, Issue 2, 2009, pp.151–172.

⑤ Christina Eckes, "The Legal Framework of the European Union's Counter-Terrorist Policies: Full of Good Intentions?" in Christina Eckes and Theodore Konstadinides, *Crime Within the Area of Freedom, Security and Justice: A European Public Order*, Cambridge University Press, 2011, Chapter 5, pp. 127–158.

⑥ Cian C. Murphy, *EU Counter-Terrorism Law, Pre-Emption and the Rule of Law*, Hart Publishing, 2012.

Piet Eeckhout、Elspeth Guild 和 Monika Heupel[1] 认为欧盟反恐金融制裁制度抑制了人权和基本自由。整体来说，国外学者们更重视研究欧盟反恐法规范内容和发展演进，但对具体规范的执行、效力和出现问题的深层次原因研究相对较少；对欧盟反恐法中发展得最为充分的领域和问题最突出的方面研究较多，但对欧盟反恐法的发展动力和整个体系的研究较少。值得注意的是，如果从对欧盟反恐及其相关问题的研究来看，政治学、国际关系和行政管理方面的学者较之法学学者更为活跃，影响力更大。

欧盟反恐法并非国内学术研究的热点问题。究其原因，可能一是因为欧盟并不是最重要的国际反恐主体，二是长期以来反恐和安全并非欧盟法的重点领域。但近几年在全球反恐的背景下，中国的法学学者，主要是研究国际法、刑法、跨国刑事司法合作的学者，开始对欧盟反恐法整体或部分内容进行规则介绍和评价，为完善中国相关立法提供参考资料与建议。其中，王良[2] 分析了欧美反恐立法的异同，认为相较于美国而言，欧盟是从区域组织法的角度进行立法，对国际恐怖主义行为的认定范围相对较窄，比较注重反恐中的人权保护；周振杰[3] 针对外国恐怖主义战斗人员的治理，认为欧盟就外国恐怖主义战斗人员形成了相对完整的防治对策，中国应该

---

① Piet Eeckhout, "Community Terrorism Listings, Fundamental Rights, and UN Security Council Resolutions, In Search of the Right Fit", *European Constitutional Law Review*, Vol.3, Issue 2, 2007, p.197; Elspeth Guild, The Uses and Abuses of Counter‐Terrorism Policies in Europe: The Case of the "Terrorist Lists", *Journal of Common Market Studies*, Vol.46, pp.173–193; Monika Heupel, "Multilateral Sanctions Against Terror Suspects and the Violation of Due Process Standards", *International Affairs*, Vol.85, pp.307–321.

② 王良：《美国和欧盟反恐法律的主要内容比较分析》，《北京警察学院学报》2016 年第 5 期。

③ 周振杰：《欧盟国家防治外国恐怖主义参战人员对策研究》，《中国刑事法杂志》2015 年第 6 期。

对相关规定进行进一步补充完善。较之国外学术研究，欧盟反恐法的国内学术研究呈现出成果数量少、研究深度有限、研究模式单一、全面系统研究缺乏的状态。

四　研究的主要思路、方法和创新点

（一）研究思路

本书首先从对欧盟反恐法的演进历程、规则、机构和机制的发展，以及取得的成就开始分析；其次重点分析预防性转向中的欧盟反恐法的特点、功能、实施效果和影响；最后全面归纳总结欧盟反恐法发展的动力和预防性转向的原因、可能的发展趋势和前景。

（二）研究方法

1. 文献分析方法：回顾欧盟反恐法的发展历程，分析欧盟反恐法的形成和阶段性特点，分析欧盟反恐法的特征、功能和影响。

2. 比较分析方法：在欧盟反恐法的发展过程中，成员国的态度存在差别，对具体内容的贡献各异，需要比较分析具体的原因；需要对比国际社会和欧盟面临的恐怖主义威胁的区别，从而论证相关规范并不适合欧盟反恐的需要。

3. 案例分析方法：分析有代表性的相关案例，对欧盟反恐法的相关规定及其影响进行评价。

4. 跨学科分析方法：对欧盟反恐法的产生和发展的动力、欧盟反恐法出现争议的原因、欧盟反恐法未来的发展趋势和完善路径进行分析时，不仅要从法律角度考察，还要考虑欧盟安全治理和有关的政治因素，因为这些因素对欧盟反恐法的发展和争议的产生有重要影响。

（三）研究创新点

研究内容的更新，本书是对欧盟反恐法系统的研究，尤其是针对欧盟反恐刑法、反恐融资法、反恐金融制裁和反恐刑事合作领域的变化和发展进行的研究和分析，能够填补国内相应领域的空白。

研究方法的更新，反恐问题涉及大量政治因素，欧盟反恐法的产生和发展绝不只是源于法律层面的考量，还会受欧盟安全治理和更宏观的政治因素，包括跨大西洋安全治理模式趋同的影响。因此本书需要更新方法，除了国际法学、欧盟法学、刑法学的理论知识之外，还需要对欧盟政治、国际政治学和安全治理方面的专业知识有所掌握。

研究结论的更新，通过对欧盟反恐法整体和各部门的研究分析认为，欧盟反恐法的发展体现出预先性的转向，对安全的追求让欧盟重视预防和控制在反恐中的作用，刑法影响了反恐涉及的各个方面，这其中损害的是法治原则和人权的保护，欧盟反恐也陷入了结构性的困境。

五 研究的主要观点

（一）对欧盟反恐立法和机制建设的正面评价

经过研究认为，十多年的发展让欧盟构建了包括反恐刑法、反恐融资法、反恐金融制裁制度和反恐合作机制在内的规模庞大、不断更新的多维体系。不但在反恐中发挥了重要的作用，而且重塑了欧盟法，尤其是司法和内务方面的部分领域。欧盟在对内和对外方面也成为更强大、一致的反恐主体。如果考虑到欧盟内部结构的复杂性和欧盟在安全领域的辅助地位，这一内容广泛的多维反恐法体系应该被认为是欧盟的重要成就。

（二）欧盟反恐法的发展呈现出预先性转向的整体特点

在随着恐怖主义威胁的演化而不断发展的过程中，欧盟反恐法升级的整体趋势是重点从事后惩罚向事前预防转移，反恐法涉及的范围越来越广，主管当局的权力越来越大，控制措施越来越严厉，刑事司法措施介入时间越来越早。就现阶段的发展来看，预防目标对欧盟反恐法的影响已经到了需要警惕的程度，已经影响到作为欧盟反恐法基石的反恐刑法的基本原则和重要规则。

（三）欧盟反恐的预先性转向损害了欧盟法治和人权保护

刑事司法活动只能以确凿的证据为基础。但是，现阶段的欧盟反恐法在这个问题上发生了决定性的改变。因为恐怖主义威胁的破坏性后果，尽可能避免威胁发生逐渐成为欧盟反恐的主要目的。现阶段的预防包括没有确凿的伤害证据，但较之一般意义上的预防而言是更高程度的干涉。这意味着对无差别大规模监控和情报数据的重视，以及刑法更早的介入。在这种缺乏针对性怀疑的情况下，人人都是被怀疑的对象。应该说，欧盟为应对恐怖主义威胁改变了刑事司法的传统目标，而且在这个过程中牺牲了欧盟一向重视的法治和个人权利。

（四）欧盟反恐法的困境是欧盟受限的权能和风险导向的反恐治理要求双重作用的结果

经过研究认为，欧盟反恐法具有应急性、被动性、辅助性、预先性的特点。欧盟反恐采用风险驱动的立法模式和欧盟本身在反恐领域补充性和辅助性的权能特点，让欧盟在具有足够政治动力的情况下，会倾向于在反恐领域通过新的惩罚性法律和设立新的反恐机构来应对演进的恐怖主义威胁。在立法模式不变的前提下，欧盟反恐法的介入时间越来越早，逐渐转向了预防，寻求预先采取行动，根除恐怖主义威胁可能产生的空间。对预防的重视体现在欧盟反恐法的各个领域中。总的来说，预防性转向是演进的恐怖主义威胁、欧盟内部安全治理的逻辑、刑法的功能特点和反恐技术的发展等因素共同影响的结果，不能贸然否认其合理性。但有必要调整反恐模式和反恐方向，对这种趋势进行有效规制。

（五）欧盟反恐法需要的模式改革和方向调整短期内难以实现

欧盟反恐面临的问题是结构性的，解决的关键不是更多的反恐立法和设置更多的反恐机构，而是质量更高、程度更深、更有效的反恐合作与反恐立法的切实执行。需要成员国在安全领域让渡更多主权，在注重危机预防的同时加强欧盟的反恐能力。就反恐方向而言，自"9·11事件"以来，恐怖主义的活动模式已经发生了很大的变化，欧盟区域面临的恐怖主义威胁也有与其他地区不同的特点，需要更有针对性的反恐举措，及时对变化的局面做出反应和调整。

但是，欧盟反恐领域的权力划分难以改变。而且，欧盟当前对反恐的重视，依然主要反映在制定新的反恐立法和既有反恐法的更新方面，具体模式依然是扩大遏制范围和增强惩罚力度，传统模式很难改变。而且，面临着英国脱欧等重大事件，当前欧盟局势动荡，安全一体化的向心力降低，很难对反恐领域的权能分配和发展方向做出有效调整。此外，考虑到欧洲各国对安全问题的传统心态，情报和警察部门之间信任的缺乏，除非再次出现非常严重的安全危机，否则成员国继续让渡主权，在安全方面进一步实现一体化或是调整反恐的目标是不可能的。欧盟反恐法进一步发展面临的结构性问题，很难得到解决。

第一章 欧盟反恐法的演进

恐怖主义对欧洲来说不是一个新现象，但演化的全球恐怖主义对欧洲安全和世界安全的威胁却远超以往。欧盟是全球反恐的重要主体之一。从欧盟基本条约反恐方面规定的发展来看，欧盟一直寻求在反恐领域中发挥更大和更多样化的作用。"9·11事件"催化了欧盟反恐法的产生和发展。当前对欧盟安全威胁最大的是宗教极端主义。随着恐怖主义威胁的演变，欧盟在18年间构建了内容丰富、规模庞大、多维度的反恐法体系。从其发展历程和欧盟基本条约构建的反恐框架来看，欧盟反恐法具有应急性、被动性、辅助性的特点，更多体现了危机驱动的立法模式。较之加强机构权能建设，更重视随着恐怖主义威胁的演变通过新的惩罚性法律，预防危机产生逐渐成为欧盟反恐法发展的主要目标。

第一节 恐怖主义的演变

在讨论欧盟反恐法的构建和功能之前，有必要先分析恐怖主义的性质。"9·11事件"之后，恐怖主义逐渐成为对国际社会和平与安全最大的威胁之一。恐怖主义并不是一种新现象，但是直到今天，国际社会对恐怖主义还没有达成共同定义。一方面，因为这种威胁的性质和特点在不断变化。学者一直在争论我们现在面临的恐怖主义是否与20世纪70年代的恐怖主义完全不同。另一方面，因为恐怖主义的道德判断功能和政治属性，各国难以对什么是恐怖主义达成一致。按照欧盟相关立法和文件对恐怖主义的描述，欧盟倾向于将恐怖主义视为一系列扰乱社会和平与民主原则的犯罪活动和行动，避免使用可能将恐怖主义与宗教极端主义意识形态联系起来的术语。

一　"9·11 事件"是恐怖主义的分水岭

恐怖主义不是 21 世纪特有的现象。一般意义上的恐怖主义，是指 1793 年 3 月至 1794 年 7 月 26 日法国大革命时期首次出现的，无选择性地残杀革命人士和人民群众的反革命暴力现象，或是指"为了达到一定目的，特别是政治目的而对他人生命、自由、财产等使用强迫手段，引起如暴力、胁迫等造成社会恐怖的犯罪行为的总称"。[1] 可以将恐怖主义笼统地理解为一种特殊的反政府、反人类的非法暴力或暴力威胁活动。[2] 历史上欧洲曾多次遭受恐怖袭击，例如在 1972 年慕尼黑奥运会上以色列运动员被劫持，或是爱尔兰共和军和西班牙埃塔组织的恐怖主义活动。但是，当时的恐怖主义并非今天的面貌。在 21 世纪之前，欧洲的大多数恐怖组织在一国境内活动。因此，除了缔结引渡协定外，恐怖主义被认为是其他国家没有发言权的国内问题。

"9·11 事件"后，恐怖主义出现了新的特征，"国际恐怖主义"的概念开始出现。虽然在此前恐怖主义现象已经困扰了国际社会几个世纪。但是，这种安全威胁在过去几十年里持续发展，已经成为威胁国际社会安全的最大问题之一。恐怖主义不再仅仅

---

[1] 《世界知识大辞典》，世界知识出版社 1998 年版，第 835 页。

[2] 刘强：《现代恐怖主义再解析——基于社会心理与冲突和意识形态的视角》，《江苏社会科学》2010 年第 1 期。

是一个内部问题，而是具有跨国性质。在公众眼中，恐怖主义从被视为一种犯罪行为转变为源于宗教极端主义的活动。诸如"新恐怖主义"之类的术语开始在公共话语和学术讨论中被关注，并引发争议。从传统恐怖主义向国际恐怖主义、新恐怖主义的转变，攻击方法、活动范围、行为方式、行动目的和行动影响方面的不同，使学者对恐怖主义的这种发展变化及其性质究竟是变革还是演进展开了讨论[①]。

二　恐怖主义变革论

自"9·11事件"以来，学者和决策者持续对21世纪恐怖主义的特征及其与传统意义上的恐怖主义的区别进行讨论。有一种见解认为，较之传统认识中的恐怖主义，21世纪初恐怖主义体现出了完全不同于过去的特征，是恐怖主义的变革。按照这种观点，新的恐怖主义和传统恐怖主义在以下方面存在根本区别。

1.动机。赞成"新恐怖主义"一词的学者认为，区别首先在于恐怖主义团体的动机。根据这些学者的观点，新的恐怖分子是由宗教信仰驱动的，而不是基于政治意识形态，后者是传统恐怖组织的特征。

2.意愿。第二个差异涉及恐怖分子是否愿意妥协和谈判。支持变革论的学者认为，传统的恐怖分子可以谈判，愿意为实现具体目标达成妥协。相比之下，新的恐怖分子不再对妥协感兴趣[②]。

3.规模。新时期恐怖主义活动的规模较之传统恐怖主义有明显

[①]　Antony Field, "The 'New Terrorism': Revolution or Evolution?" *Political Studies Review*, No. 7, 2009, p.195.

[②]　Antony Field, "The 'New Terrorism': Revolution or Evolution?" *Political Studies Review*, No. 7, 2009, p.197.

扩大，新的恐怖主义活动范围具有全球性；而传统恐怖主义主要在国内和一定区域内活动，规模较小。

4.组织结构。按照变革论学者的认识，恐怖组织的结构也发生了变化。从更传统的垂直和金字塔结构向更加水平和相互连接的系统发展。

5.暴力的作用。新时期恐怖分子更重视暴力、死亡和恐怖活动的作用。就行为模式而言，传统的恐怖分子会利用这些方法作为达成目的的手段，而新的恐怖分子将暴力视为目的之一[①]。

6.破坏性。变革论学者认为新时期恐怖分子比过去的传统恐怖分子更不分青红皂白，其活动威胁性更大，更加致命和暴力。

7.武器的作用。变革论学者认为的最后一个区别是新的恐怖分子试图掌握大规模杀伤性武器以实现其目的，而传统的恐怖分子并未试图获取这些武器。

三　恐怖主义演变论

笔者并不认同上述思路，而是认同安东尼·菲尔德等学者的看法。恐怖主义的确正在变化发展，但并未出现本质性的变革。虽然变革论的支持者认为在传统恐怖主义和新恐怖主义之间存在明显的区别，大多数特征只在新的恐怖组织中体现。但是实际上，在传统的恐怖组织和恐怖活动中也能发现这些特征。

动机方面，以典型的传统恐怖组织爱尔兰共和军为例。其动机不仅基于世俗理想，而且还从宗教上获得了灵感。与变革论所指的证据不同的是，一些宣传宗教理想的新恐怖组织具有实际的政治目

---

① Antony Field, "The 'New Terrorism': Revolution or Evolution?" *Political Studies Review*, No. 7, 2009, p.199.

标，希望通过实现政治目标获取和控制土地[1]。意愿方面，所有传统恐怖分子都可以谈判和妥协的想法也是不准确的。以库尔德工人党的发展为例，与恐怖组织对话的可行性取决于这种对话的战略重要性，而不是恐怖组织是否有宗教动机。[2]规模方面，左翼恐怖组织红色旅也有全球性的目标[3]。组织结构方面，新时期的恐怖主义和传统恐怖主义也没有泾渭分明的区别。如果在"基地"组织内没有适当的垂直和层次结构，"9·11事件"不可能发生。同样的道理在2015年11月发生的巴黎恐怖袭击的跨区域组织结构中也能得到体现。破坏性方面，部分传统恐怖分子也与新的恐怖分子一样不分青红皂白。除了给尽可能多的人造成伤害之外[4]，他们的暴力袭击并不总是具有明确的政治或意识形态动机。最后，在武器方面，使用大规模杀伤性武器并不是新想法，埃塔也曾经试图袭击核电站[5]。

笔者认为，21世纪的国际恐怖主义，应该是传统恐怖主义的演进而不是变革。现代国际恐怖主义的产生、发展和变化，有着复杂的社会政治背景。国际政治格局的突变、经济全球化进程导致的人口和资源全球流动、种族和宗教矛盾及领土纷争、霸权主义和强权政治、反恐理念和方式的偏差以及传媒的过分渲染等，都会影响或助长国际恐怖主义。之所以在"9·11事件"之后，迅速发展的

---

[1] Antony Field, "The 'New Terrorism': Revolution or Evolution?" *Political Studies Review*, No. 7, 2009, p.201.

[2] Antony Field, "The 'New Terrorism': Revolution or Evolution?" *Political Studies Review*, No. 7, 2009, p.201.

[3] Antony Field, "The 'New Terrorism': Revolution or Evolution?" *Political Studies Review*, No. 7, 2009, p.202.

[4] Antony Field, "The 'New Terrorism': Revolution or Evolution?" *Political Studies Review*, No. 7, 2009, p.203.

[5] Antony Field, "The 'New Terrorism': Revolution or Evolution?" *Political Studies Review*, No. 7, 2009, p.204.

恐怖主义显得与传统恐怖主义区别明显，主要有三个原因：其一，在全球化的背景下，国际恐怖主义迅速成长为跨境、跨区域的安全威胁，规模前所未有。其二，新恐怖主义针对的对象是整个西方文明。从"9·11事件"到马德里和伦敦恐怖袭击，再到2015年和2016年发生的巴黎恐怖袭击与布鲁塞尔恐怖袭击，直至2017年和2018年英国遭遇的独狼式恐怖袭击，都鲜明地体现出恐怖主义对主流西方国家和西方文明的敌意，使整个世界显得脆弱和不安全。其三，全球化时代交通和信息的便捷，使恐怖主义在组织和活动上获得了便利，恐怖活动更容易组织，也更容易通过信息平台扩散其影响。这一方面可以加深大众的不安情绪，另一方面还可以吸引全球范围内的追随者。因此，笔者认为21世纪后更加活跃、规模更大和影响更广的国际恐怖主义，应该被视为恐怖主义的演变而非变革。

第二节　欧盟面临的恐怖主义威胁和转变

"恐怖主义"一词源自欧洲本土，18世纪法国大革命时正式诞生此术语。20世纪60年代以来，国际恐怖主义活动日益频繁，在欧洲、中东、拉丁美洲和南亚等地区蔓延。80年代以前欧洲各国是国际恐怖主义活动最频繁的地区。1968—1980年，全球范围内国际恐怖主义事件共发生6714起，欧洲地区便有2206起，占32.9%。80年代以后，中东才逐渐成为国际恐怖主义活动的频发地区。今天，恐怖主义是欧盟的核心安全议题之一。根据线上调查，66%的奥地利人将恐怖主义视为他们的主要恐惧之一。[①] 德国71%的人将恐怖

---

① Die Presse, "Umfrage, p.Angst vor Terror Steigt", 19 April, 2016, https://diepresse.com/home/panorama/oesterreich/4971032/Umfrage_Angst-vor-Terrorsteigt.

主义列为最关注的问题。[①] 皮尤研究中心于 2017 年 5 月进行的一项研究中发现，欧洲大多数人都对宗教极端主义的兴起感到担忧。[②]

一 传统恐怖主义活动趋于平淡

依据欧盟执法合作局每年公布的《欧盟恐怖主义形势与趋势报告》（*EU Terrorism Situation and Trend Report*，TESAT），目前在欧盟活动的恐怖主义组织包括宗教极端主义、种族民族主义与分离主义恐怖主义、左翼与无政府恐怖主义和右翼恐怖主义这四大类。[③]

本书所指的传统欧洲恐怖主义，指的是 20 世纪 60 年代至 80 年代在欧洲频繁发动恐怖攻击的后三种类型。在种族民族主义与分离主义恐怖主义方面，目前在欧洲仍有活动的恐怖组织，大部分在法国的科西嘉及西班牙的巴斯克地区。在左翼与无政府恐怖主义方面，20 世纪 90 年代，随着冷战结束，意识形态纷争开始退居次要位置，一些左翼与无政府恐怖组织逐渐放弃暴力活动，与主流社会和解。[④] 这类恐怖主义活动主要集中于希腊、意大利、西班牙与德国，攻击程度较为轻微，对政府和社会的损害也比较有限，但少数攻击仍可能造成人员伤亡的结果。这些恐怖主义攻击的原因主要是对国内政治不满。右翼恐怖主义意识形态的根源在于民族社会主义，活动仍具组织性和跨国性，寻求改变整个政治社会与经济系统，其中

[①] Haitham Abdelsamad, "Terrorism and Counterterrorism in the EU", Dialogue of Civilizations Research Institute, 2018, p. 7.

[②] J. Poushter, "Majorities in Europe, North America Worried About Islamic Extremism", 24 May, 2017, Pew Research Center, http://www.pewresearch.org/fact-tank/2017/05/24/majorities-in-europe-north-america-worried-about-islamic-extremism/.

[③] Europol, P.*EU Terrorism Situation and Trend Report 2017*, 2018, pp.3–4.

[④] 例如在 1998 年 4 月 22 日宣布解散的左翼恐怖主义组织德国红色旅。

有一些正在往极右的方向发展。[①]

上述传统形式的恐怖组织，随着冷战后政治对话的加深与沟通渠道的畅通，活动日益减少，已经不是欧盟和欧洲各国的核心安全议题。它们虽然在几十年间制造了数以千计的恐怖事件，但很少把枪口直接对准平民制造重大伤亡。这些恐怖组织的活动，大多只在一个地点制造恐怖事件，重大伤亡不是他们的目的。有些恐怖组织甚至会在行动之前事先预警，电话通知警方或记者。它们的活动目标不是伤人而引人恐惧和反感，是要人发现、同情和理解其处境。因此，这些恐怖组织在攻击后大多会马上承认，并借此宣扬其政治理念。[②]

二　宗教极端主义为当前主要威胁

按照 2006—2017 年欧盟境内被逮捕的各类恐怖分子数量表的统计结果，2006 年总计逮捕恐怖分子 706 人，2017 年上升到 1219 人，幅度增长明显，欧盟境内的恐怖主义威胁仍然在持续增强。就各类型恐怖主义的威胁程度而言，宗教极端主义是欧盟当前最主要的恐怖主义威胁。从宗教极端主义活动人员的数量分布趋势可以发现，2017 年被逮捕的相关人员数量达到 705 人，接近 2006 年相关数量的 3 倍。2006—2009 年，欧盟境内被逮捕的宗教极端主义活动人员数量逐渐降低，但自 2012 年开始数量明显提高。到了 2015 年和 2016 年，数量增长幅度翻倍。近几年宗教极端主义活动人员被逮捕数量激增的趋势，以及被逮捕的人员与中东战区恐怖组织的

[①] Europol, *EU Terrorism Situation and Trend Report 2007*, 2008, pp.27–35.

[②] 例如，2008 年 7 月在西班牙北部海边发生了连环小型爆炸。当地一名官员称，他在上午十点半接到电话，埃塔说他们放置了四颗炸弹。因此，事发前 45 分钟当局就疏散了海滩上所有游客。40 分钟后爆炸发生，但没有造成伤亡。

紧密关系，让欧盟将识别与控制外国恐怖主义战斗人员 [①]（Foreign Terrorist Fighters，FTFs）作为近年反恐立法的重点。

表 1-1　　2006—2017 年欧盟境内被逮捕的各类型恐怖分子数量

年份	宗教极端主义	分离恐怖主义	左翼恐怖主义	右翼恐怖主义	未区分恐怖主义类型
2006	257	226	52	15	156
2007	201	548	48	44	0
2008	187	501	58	0	7
2009	110	413	29	22	13
2010	179	349	34	1	48
2011	122	247	42	5	68
2012	159	257	24	10	87
2013	216	180	49	3	87
2014	395	154	54	34	137
2015	687	168	67	11	144
2016	718	84	31	12	157
2017	705	30	36	20	428

数据来源：EU Terrorism Situation and Trend Report, 2007–2018.

欧盟层面的反恐法和反恐合作始于"9·11 事件"之后。2004 年 3 月的马德里爆炸案、2005 年 7 月的伦敦连环恐怖袭击均是"基地"组织典型的恐怖袭击方式。这种事前不做预警，采取无差别攻击，严重损害公共安全，导致重大人员伤亡的恐怖袭击，引起了普遍恐慌。恐怖袭击模式的改变，象征着过去带有明确政治目标的恐

---

① 按照联合国安理会的定义，外国恐怖主义战斗人员是指"前往其居住国或国籍国之外的另一国家，以实施、筹划、筹备或参与恐怖行为，或提供或接受恐怖主义训练，包括因此参与武装冲突的个人"。参见联合国安理会第 2178（2014）号决议，S/RES/2178（2014），第 1 页。

怖主义组织和行动，已被"基地"组织和近几年"伊斯兰国"（IS）为代表的恐怖组织发动的恐怖袭击所取代，成为欧盟各国最担忧的恐怖主义威胁。在"伊斯兰国"兴起之后，地理上邻近"伊斯兰国"控制区的欧盟，面临着不断演进的恐怖主义威胁。对欧盟来说，最为紧迫的几种恐怖主义威胁是指往返于叙利亚和伊拉克冲突地区与欧洲之间的大量欧洲外国恐怖主义战斗人员，大量使用互联网和社交媒体宣传恐怖主义思想和招募恐怖主义人员，以及由宗教极端主义指导或引发的对欧盟成员国的袭击。[①] 自 2015 年 1 月以来，欧洲接连发生恐怖袭击。其中，2015 年 11 月 13 日巴黎恐怖袭击和 2016 年 3 月 22 日布鲁塞尔机场和地铁连环爆炸案规模最大，人员伤亡最多。调查显示，这两次袭击之间存在联系，从中东返回的外国恐怖主义战斗人员在其中起了重要作用。在此之前，从未有任何恐怖组织的小组能在欧洲连续执行两次大规模袭击。巴黎—布鲁塞尔恐怖袭击的发生，说明欧盟面临的恐怖主义威胁正朝着越来越难以预防的方向演化。总体而言，当前欧盟面临的恐怖主义威胁，主要有如下特征。

（一）袭击目标的去政治化

恐怖袭击从主要针对具有政治和宗教意味的场所转向所有场所和设施，这是"伊斯兰国"要求的行动转向。自 2014 年对"伊斯兰国"的空袭开始，其媒体主管人员 Mohammed Al-Adnani 就敦促所有支持者用一切方法袭击他们居住的国家的目标。[②] 被称为法

---

① Tomasz Safjański, "Conditions of Europol's Force in Combating Terrorist Threats", *Public Security and Public Order*, 2017, No. 19, p. 1.

② Yara Bayoumy, "ISIL urges more attacks on Western 'disbelievers' Group spokesman Adnani seems to be encouraging attacks like the killing of Lee Rigby", 22 September, 2014, http://www.independent.co.uk/news/world/middle-east/ISIL-urges-more-attacks-on-western-disbelievers-9749512.html.

国宗教极端主义教父的 Boubaker Al-Hakim，也在"伊斯兰国"杂志法语版 2015 年 3 月刊的采访中劝告他的信徒放弃象征意义，"我的建议是停止寻找特定的目标，攻击所有人和一切"。[1]2016 年，法国的宗教极端主义招募者也在视频中露面，敦促其追随者停止前往叙利亚或伊拉克，鼓励他们在法国进行恐怖袭击。[2] 这使得当前的恐怖袭击更多指向普通民众聚集的公共场所和设施，特别是一旦袭击就会造成大规模伤亡的场所，例如餐馆、景点和拥挤的城市[3]。这种造成灾难性后果的无差别、随机屠杀，对平民和社会具有强烈的恐吓和威慑效果。袭击公共场所不但使得预防恐怖袭击更加困难，而且少量袭击者和武器就能造成大规模的伤亡。巴黎恐怖袭击、布鲁塞尔机场和地铁爆炸案以及尼斯恐怖袭击都体现了这一点。这种对日常生活产生直接威胁的风险，让加强欧盟层面的反恐法和刑事合作获得了更多政治动力。欧盟反恐法向着更重视安全保障的方向发展。

（二）袭击方式更加复杂

既有战区式战术，又有独狼式袭击。2015 年 11 月 13 日的巴黎恐怖袭击就是在欧洲采取战区式战术的体现。这次袭击在叙利亚计划，比利时组织指挥，法国实施。袭击实现了人员之间的信息共享和对外的隐匿性，使用分散模式，分 3 组袭击者攻击 6 个地点。袭击者能够制作复杂爆炸设施，持有大量杀伤性武器（极有可能是

---

[1]　Robert Pape, "A new normal for Europe", 22 March, 2016,https://www.bostonglobe.com/opinion/2016/03/22/new-normal-for-europe/xN6WfMy3W6kTjIJkPWKojM/story.html.

[2]　Radio France International Journalist David Thompson's Twitter Account, 14 July, 2016, https://twitter.com/_davidthomson/status/753696290802896896.

[3]　Otso Iho, "Paris Attacks Show Dangerous Evolution of Terrorism", 18 November, 2015, http://www.fairobserver.com/region/europe/paris-attacks-show-dangerous-evolution-of-terrorism-34320/.

在欧洲内部获得），挟持人质，将袭击从数小时延长到数天，分散了执法人员的注意，提高了伤亡数字。除战区式战术之外，还有成功的独狼式袭击，如 2016 年 7 月 14 日的尼斯恐怖袭击。这次恐怖袭击体现了恐怖分子的新类型：没有战地经验，此前几乎没有体现出任何极端化特征，更难预防和侦查。这也说明，在信息网络化时代，恐怖主义理念更容易传播，未前往战区的人员也会受宗教极端主义影响，学习袭击的技术和战术也更加容易，恐怖袭击需要的资金更少，训练要求更少，策划和人员构成也更为灵活。[①] 因此，欧盟希望能提前发现、主动控制有恐怖主义威胁的人员，有技、战术能力的外国恐怖主义战斗人员的动向和意图是欧盟反恐法关注的重点。

（三）袭击工具更加便利

在欧洲发动恐怖袭击的恐怖分子使用的袭击工具范围广泛，包括刀刃武器、自动步枪、爆炸物等传统工具和车辆。当前恐怖袭击经常使用的爆炸物是三过氧化三丙酮炸药（TATP）和枪支。三过氧化三丙酮炸药曾被用于伦敦地铁爆炸案。这种炸药爆炸不产生火焰，极度敏感，轻微摩擦或温度稍高就会爆炸。它之所以被广泛使用，是因为可以用漂发剂和洗甲水作为原料，而获取这两样物品非常方便，成本低且不容易受到注意。只要有相对熟练的炸弹制造者，就能用日常材料制造威胁很大的爆炸物。因此，参加恐怖主义培训和恐怖组织招募问题让欧盟立法者非常重视。枪支方面，20 世纪 90 年代南斯拉夫解体后，大量枪支流入黑市。虽然大部分欧盟国家都有严格的枪支管制法，但欧盟国家之间的开放边境使得小型武器的

---

① Yara Bayoumy, "ISIL urges more attacks on Western 'disbelievers' Group spokesman Adnani seems to be encouraging attacks like the killing of Lee Rigby", 22 September, 2014, http://www.independent.co.uk/news/world/middle-east/ISIL-urges-more-attacks-on-western-disbelievers-9749512.html.

流动相对容易。因此，恐怖主义犯罪的辅助犯也成为近几年欧盟反恐法的重点规制对象。

（四）袭击者更加隐蔽

2014—2015年上半年，警方能够拦截恐怖组织派遣到欧洲的袭击者使用的电话或发送的加密信息，从而开展追踪，瓦解其袭击阴谋。但难民危机开始之后，恐怖组织开始利用难民和移民的流动将恐怖分子送往欧洲实施恐怖主义行为。在大量人流中难以有效查找恐怖分子或可疑人物。此外，通过电信和网络查找恐怖分子的行踪也变得更加困难。2015年11月巴黎恐怖袭击的袭击人员就升级了隐蔽方式。据袭击幸存者回忆，这些恐怖分子只使用一次性手机或是从受害人处获取的手机。[1] 警方后来也没能找到任何袭击者的电子邮件或其他电子联络方式，主管当局因此认为，恐怖分子使用了密码。[2] 独狼式恐怖袭击本身就有目标小、行动容易隐匿的特点，更不容易预防。这也导致欧盟更倚重大规模监控和尽可能地收集情报，以加强预防恐怖袭击的能力。

（五）袭击组织方式多样化

宗教极端组织在这些恐怖袭击中的作用各有不同。恐怖分子既有由宗教极端组织指导指挥的，也有仅仅受到宗教极端主义思想启发而采取行动的。巴黎恐怖袭击和布鲁塞尔恐怖袭击是由宗教极端组织在欧洲的分支跨国指挥、策划的，尼斯恐怖袭击则是个人在宗教极端组织的"精神号召"下独立策划进行的。信息网络时代，拥

---

[1] Rukmini Callimachi, J.Alissa, Rubin and Laure, "A View of ISIL's Evolution in New Details of Paris Attacks", 20 March, 2016, http://www.nytimes.com/2016/03/20/world/europe/a-view-of-ISILs-evolution-in-new-details-of-paris-attacks.html?_r=0.

[2] Rukmini Callimachi, J.Alissa, Rubin and Laure, "A View of ISIL's Evolution in New Details of Paris Attacks", 20 March, 2016, http://www.nytimes.com/2016/03/20/world/europe/a-view-of-ISILs-evolution-in-new-details-of-paris-attacks.html?_r=0.

有多种语言、全面宣传机器和灵活宣传策略的"伊斯兰国"通过使用信息技术散布暴力恐怖主义意识形态[1]，宗教极端主义思想的影响得到前所未有的扩展和加强。值得注意的是，尼斯恐怖袭击这种被启发而采取的行动，策划时间较之恐怖组织指挥策划的袭击要短得多，给传统执法和情报当局预防或破坏潜在阴谋的时间也短得多，是对主管当局反恐工作的巨大挑战。

（六）袭击人员更加本土化

当前欧洲遭受的恐怖袭击中，自中东战区返回欧洲的外国恐怖主义战斗人员起到了主要作用，这在巴黎和布鲁塞尔的恐怖袭击中尤为突出。外国恐怖主义战斗人员会增加冲突的强度和时间，使得冲突变得更加难以解决，并可能严重威胁其原籍国、过境国和目的地国以及邻近他们活跃的武装冲突地区的国家和因为安全负担沉重而受影响的国家。[2] 在他们返回本土之后，也有进行恐怖袭击和恐怖主义有关活动的可能，给居住地区造成安全威胁。欧盟是外国恐怖主义战斗人员问题相当突出的地区，中东冲突中约 3922—4294 名外国恐怖主义战斗人员来自欧盟成员国[3]，其中比利时籍的外国恐怖主义战斗人员的比例最高[4]。在巴黎发动恐怖袭击的恐怖分子

---

[1]　联合国：《联合国毒品与犯罪问题负责人：恐怖主义和暴力极端主义是世界所面临的主要挑战》，2016 年 7 月 27 日，联合国网站（https://news.un.org/zh/story/2016/07/260842）。

[2]　联合国安理会第 2178（2014）号决议，S/RES/2178（2014），第 2 页。

[3]　Bibi van Ginkel, Eva Entenmann, *The Foreign Fighters Phenomenon in the European Union. Profiles, Threats & Policies*,The International Centre for Counter-Terrorism, 2016, p.3.

[4]　F. Brinley Bruton and Alastair Jamieson, "Paris Attacks, P.Probe Centers on Brussels Suburb of Molenbeek", 17 November, 2015, http://www.nbcnews.com/STORYLINE/PARIS-TERROR-ATTACKS/PARIS-ATTACKS-PROBE-CENTERS-BRUSSELS-SUB-URB-MOLENBEEK-N464741.

中，至少一半成长于法国和比利时。美国只有约 100 名外国恐怖主义战斗人员[1]，可见欧盟外国恐怖主义战斗人员问题的严重程度。更让欧盟警惕的是，约有 30% 的外国恐怖主义战斗人员已经返回了他们的原籍国或是居住地国。[2] 因为担心这些人员对安全的潜在威胁，欧盟对能有效追踪其行动和预防效果更好的反恐措施更加青睐。

第三节　欧盟反恐法的产生与发展

一　萌芽阶段

早期的欧洲安全挑战主要来自成员国内部的民族主义团体，左翼、右翼团体和有组织犯罪。欧洲各国对恐怖主义威胁的认知各有不同，反恐行动传统上是在国家刑事司法系统内进行的，各国按照其安全利益在本国领域内行事。在"9·11 事件"之前，国家间反恐合作主要通过非正式合作和政府间渠道进行。按照 2004 年的《欧盟委员会工作人员工作档案》，在 2001 年"9·11 事件"之前，对于主要欧盟成员国来说，"恐怖分子的行为被作为一般犯罪来惩罚"。[3] 虽然许多欧洲国家经历过不同类型的政治暴力，但由于恐怖主义涉及主权和安全等敏感领域，几乎没有国家愿意让渡对内部

---

[1]　Ryan Browne, "Why Europe Has a Bigger Terror Problem Than the U.S.", 24 March, 2016, http://edition.cnn.com/2016/03/24/politics/europe-terror-ash-carter-ISIL/.

[2]　Bibi van Ginkel, Eva Entenmann, *The Foreign Fighters Phenomenon in the European Union, Profiles, Threats & Policies*,The International Centre for Counter-Terrorism, 2016, p.3.

[3]　European Commission, Commission Staff Working Document Annex to the Report from the Commission based on Art 11 of the Council Framework Decision of 13 June 2002 on Combating Terrorism, SEC (2004) 688, p.4.

安全的控制权。各成员国安全部门间合作的愿望，被他们保护信息的想法所阻碍。当时欧盟反恐合作主要是安全与执法机关有一些非正式合作机制，在国际层面上收效甚微。直到 20 世纪 70 年代，欧洲社会才意识到恐怖主义问题的重要性，认为必须交换情报信息，交流经验教训。[①]1972 年 9 月慕尼黑奥运会期间发生的恐怖袭击使欧共体成员国认识到必须就打击恐怖主义进行协作。但是，警察和情报合作依然不属于欧洲共同体的职权范围。1976 年 6 月"特莱维集团"成立，为各国交流反恐情报提供平台，其成员国包括比利时、丹麦、法国、德国、希腊、意大利、爱尔兰、荷兰、葡萄牙、西班牙和英国。欧洲各国之间实践层面的反恐合作在该集团内展开。

"特莱维集团"帮助欧共体成员国的警察和情报官员之间建立信任，标志着反恐领域欧洲合作的开始。

随着欧盟的发展，发展欧盟反恐和安全合作的基础逐渐形成。1992 年《欧洲联盟条约》中确立了欧盟在内外安全方面的正式角色。该条约创立了欧盟，给欧共体增加了两个支柱：第二支柱，共同外交与安全政策，提供了协调对外安全政策的机制。第三支柱，司法和内务，以及后来的警察与司法在刑事问题上的合作，创立了欧盟在内部安全事务上的权能。各种能被用来打击恐怖主义的权能散见于三个支柱之中。包括欧洲刑警组织和欧洲司法组织在内的相关机构具有一定程度的反恐职能，其任务重点是协调成员国之间警察合作而不是直接采取警务行动或起诉[②]，没有直接行动的权力。

因此，正如 De Boer 和 Monar 提到的，"在 9·11 之前欧盟内

---

① D. Rehak, P. Foltin, and V. Holcner, "International Counter Terrorism Cooperation – European View", https://www.unob.cz/eam/Documents/EaM-2-2007.pdf#page=28.

② S. Peers, *EU Justice and Home Affairs Law*, Oxford, p. Oxford University Press, pp.487–489, 536–539, 2006.

部已经有不同层次的反恐活动了"①，但反恐合作在很长一段时间里依然是欧共体的边缘议题，被理解为共享情报和加强警察合作②。各国仍然倾向于就安全相关问题进行双边或多边讨论，合作和谈判。虽然"9·11事件"之前已经出现对世贸中心的袭击、"科尔"号战舰的爆炸以及对美国在达累斯萨拉姆和内罗毕大使馆遭遇的恐怖袭击，但欧洲的安全局势完全不同。当时的欧洲，政治暴力呈现出减退而不是增强的趋势。2000年《国际法和比较法季刊》对司法和内务领域的报告完全没有提及恐怖主义。③因此，虽然欧共体已经建构了具有反恐功能的机制，但并没有用于反恐议题。欧共体各成员国对恐怖主义威胁的看法不同，也没有对恐怖主义的共同定义，反恐依然是欧盟的边缘议题。

二 开始阶段

（一）快速进入核心议程

自欧洲经济共同体成立以来，欧盟在创建经济联盟之外还致力于加强政治和安全方面的一体化。然而，因为安全领域中外交和国防在国家主权方面的重要性，成员国始终抵制这种转变④。这突出体现在成员国最初不愿意将其国家安全机构收集的信息转交给欧洲刑警组织和欧洲司法组织。这种分裂使得欧盟很难对反恐做出一致

① M. De Boer and Jörg Monar, "11 September and the Challenge of Global Terrorism to the EU as a Security Actor", G. Edwards and G. Wiessala, *The European Union, p.Annual Review of the EU*, Oxford, p.Blackwell, p.21, 2002.

② Haitham Abdelsamad, "Terrorism and Counterterrorism in the EU", Dialogue of Civilizations Research Institute, 2018, p. 16.

③ Steve Peers, "Current Developments, p.EC Law Ⅱ Justice and Home Affairs", *International and Comparative Law Quarterly*, 2000, p.222, Vol.49.

④ David Spence, *International Terrorism*, London, p.John Harper Publishing, p.76, 2007.

回应。但是，单凭各成员国的能力又不足以处理国际恐怖主义问题。虽然"9·11事件"是一个巨大的悲剧，但是它的发生为欧盟在政治和安全方面加强一体化，在国际政治中发挥更大的作用提供了重要的政治动力。

"9·11事件"发生后，国际社会迅速采取了有力回应。2001年9月28日，联合国安理会的第1373号决议做出反应，要求所有国家通过将某些恐怖主义行为确立为犯罪的立法。[①]其规定号召各国预防打击恐怖主义融资，避免向恐怖分子提供资金支持，执行有效的边境控制并预防恐怖分子的移动，以及加强包括信息交换在内的合作。该决议声明恐怖主义与贩卖毒品和枪支、跨国有组织犯罪和洗钱有"紧密的联系"。这一事件也催生了欧盟反恐法。欧盟马上就开始在反恐领域采取措施，迅速从同情和声援美国的言论转向讨论自己的反恐政策与立法。恐怖袭击发生的最初几个星期内，欧盟就批准了停滞不前的立法提案，动员了复杂但是并不连贯的一系列政策措施。这些措施对后续的欧洲安全进程产生了深远的影响。

2001年9月12日，理事会要求轮值国主席，共同外交和安全政策高级代表和委员会尽快提交一份加强欧洲联盟与美国和其他伙伴一道有效打击国际恐怖主义的能力具体措施的报告。2001年9月20日，欧盟司法与内政（JHA）理事会举行会议，商定了第二天欧洲理事会特别会议批准的一揽子措施。在那次会议上，欧洲理事会发起了雄心勃勃的《打击恐怖主义行动计划》，决定通过"欧盟所有成员国之间的密切合作"，采取全面的方法来打击恐怖主义。[②]

---

① EJ Flynn, "The Security Council's Counter-terrorism Committee and Human Rights", *Human Rights Law Review*,2007, p.371, 376.

② European Council, Conclusions and Plan of Action of the Extraordinary European Council Meeting (21 September 2001), Doc. SN140/01.

欧盟快速的回应和有关政策方向的确定有两个原因：其一是欧盟有必要坚定申明其与美国伙伴团结和反恐合作的政治共识。欧盟理事会的特别会议的结论是"完全支持面对致命恐怖袭击的美国人民。[1]"其二是因为袭击一夜之间就制造了强有力的新全球恐怖主义威胁认识，与此前只影响部分成员国的内部分离恐怖主义挑战恰恰相反，突然使得所有成员国成为全球背景下产生的潜在袭击目标。这两个因素启动了欧盟有效发展成国际反恐主体的道路。2011年，美国反恐协调员 Daniel Benjamin 在对美国外交代表委员会做证的时候将欧盟这个在"9·11事件"之前国际反恐领域中不存在的主体作为美国的主要伙伴。[2]"9·11事件"改变了世界应对恐怖主义威胁的方式，让欧盟踏上了反恐立法和机构建设的加速道路。

（二）跨支柱反恐模式

欧盟对"9·11事件"的回应是跨支柱的。每个支柱都有自己的决策程序，都提供了不同的方法来应对恐怖主义袭击，而且没有哪一个支柱能够单独地为这个问题提供全面的解决办法[3]。为了将恐怖分子绳之以法，剥夺恐怖分子的财政和物质资源，促进和协助第三国实施其反恐方案，处理恐怖主义相关的政治和社会问题，欧盟需要对恐怖主义做出跨支柱回应。

2001年9月21日特别理事会会议上提出的欧盟打击恐怖主义

---

[1]　European Council, Conclusions and Plan of Action of the Extraordinary European Council Meeting (21 September 2001), Doc. SN140/01.

[2]　Daniel Benjamin, "Statement before the House Foreign Affairs Committee Subcommittee on Europe and Eurasia, Washington", 20 May, 2011, https://2009-2017.state.gov/j/ct/rls/rm/2011/163358.htm.

[3]　David Spence, *International Terrorism*, London: John Harper Publishing, 2007, p.81.

行动计划包括[1]：执行联合国安理会第 1373 号决议；执行冻结财产或证据的命令；制定新的立法，推动和改善警察和司法合作以及促进相互承认的原则；引入与第三国订立的打击恐怖主义条款；设立自己的恐怖分子黑名单；加强与美国在反恐领域的合作；更新申根信息系统；开展与外部伙伴的反恐合作；等等。欧盟迅速加强其外部边界，允许安全机构访问第二代申根信息系统（SIS Ⅱ），还通过在机构内设立一个特别的反恐工作队来提高欧洲刑警组织的反恐能力[2]。在此之外，欧盟对解决恐怖分子的财政和物质资源[3]也非常重视，鼓励批准所有相关公约（例如《联合国制止向恐怖主义提供资助的公约》[4]），支持联合国各成员国和金融行动特别工作组的决议的执行。自 2001 年以来，该特别工作组也一直致力于遏制恐怖主义资助。在这一阶段，欧盟在打击恐怖主义融资方面通过了一些重要的文件，例如《关于执行冻结财产或证据命令的决定》[5]和《第三反洗钱指令》，明确地将恐怖主义融资[6]包括在其范围内。

（三）应急性的反恐法

反恐迅速进入欧盟的议程表并得到了重视。欧盟将恐怖主义界

---

[1]　David Spence, *International Terrorism*, London: John Harper Publishing, 2007, p.81.

[2]　David Spence, *International Terrorism*, London: John Harper Publishing, 2007, p.83.

[3]　David Spence, *International Terrorism*, London: John Harper Publishing, 2007, pp.85–86.

[4]　United Nations General Assembly Resolution 54/109 (9 December 1999) Adopting the International Convention for the Suppressing of the Financing of Terrorism, UN Doc A/RES/54/109 (1999).

[5]　Council Framework Decision (2003/577/JHA) of 22 July 2003 on the execution in the European Union of orders freezing property or evidence, OJ L 196/45, 2/8/2003.

[6]　Directive (2005/60/EC) of the European Parliament and of the Council of 26 October 2005 on the prevention of the use of the financial system for the purpose of money laundering and terrorist financing, OJ L 309/15, 25/11/2005.

定为主要安全威胁之一,恐怖主义的含义和性质得到明确,反恐措施的发展方向也初步清晰,通过了一系列打击恐怖主义的新立法。成员国层面也体现出同样的趋势,反恐相关的法律和政策的发展速度非常快。2003 年《国际法与比较法季刊》对欧盟反恐行动报告的篇幅几乎是 2000 年司法与内务报告的两倍。

欧盟反恐立法达到了惊人的速度。当时迅速完成的措施中就有作为欧盟反恐法基石的《打击恐怖主义框架决定》和《欧洲逮捕令的框架决定》的提案。这两个提案都是欧盟委员会之前按照欧盟 2000 年行动计划,为在刑民事问题上执行互相承认原则准备的。①2001 年 9 月 25 日,距离"9·11 事件"过后只有 2 周,成员国对这两项框架决定在谈判 6 周后达成了一致,这比随后将文本翻译成欧盟所有官方语言花的时间还短。考虑到欧洲逮捕令取代 1996 年的《欧盟引渡公约》用了将近 4 年才达成一致,可以认为是"9·11 事件"为提案的通过提供了政治动力。欧洲逮捕令允许成员国之间程序便捷的人员转移,代替了欧盟之前使用的刑事司法合作机制,自通过以来广泛适用于与恐怖主义有关的跨境司法行动中。

速度最快的,是欧盟为执行影响深远的联合国安理会反恐的第 1373 号决议的立法,包括欧盟第一个反恐融资制裁立法,冻结恐怖主义资产的黑名单。有关条文只是在 2001 年 12 月 27 日传真给欧盟的外交部长们,无人反对就通过了。②从另一个角度来看,那段时期制定的欧盟反恐法中,许多文件是"9·11 事件"发生前就

---

① Draft programme of measures for implementation of the principle of mutual recognition of decisions in civil and commercial matters, OJ C 12, 15.1.2001, pp. 1–9.

② Statewatch, "EU Announces First Lists of Terrorists and All Refugees to be Vetted", 2 January, 2002, http://www.statewatch.org/news/2002/jan/02euterr.htm.

提出，甚至是已经被驳回的提案，缺乏对袭击发生之后反恐新趋势的针对性，更多体现出应急性。从产生过程和所用时间来看，欧盟这阶段的反恐法更多是基于时机而不是重要性被选中。或者说，有争议、难以获得通过的提案，因为"9·11事件"获得了政治支持。

在这一阶段，欧盟认为美国面临的威胁是"开放"和"民主"社会面临的更广泛的全球威胁的一种体现，欧盟的作用被定义为全球反恐同盟的一部分[①]，承诺欧盟会在全世界打击各种形式的恐怖主义。[②]因而，欧盟的后9·11恐怖主义威胁观念最初主要是全球的，"基地"组织是其核心。欧盟委员成为塑造欧盟层面反恐话语和行动方面的战略先行者，向成员国施加压力。值得注意的是，这一阶段的重要欧盟反恐政策和立法并未迅速得到成员国的积极响应。直到欧洲本土发生严重恐怖袭击之后，欧盟才在反恐立法上获得更多的政治动力，欧盟反恐法的规定才得到更大范围的实施。

三　快速发展阶段

随着一些欧盟成员国在国内发现了宗教极端组织的后勤基地和小组，欧盟对恐怖主义威胁的认识逐渐朝着以外部威胁为主，也有部分内部威胁的观念转化。这种认识在 2003 年 12 月公布的《欧洲安全战略》中得到充分体现。该战略认为，欧盟是后9·11恐怖威胁的"目标和基地"。[③]然而，2004 年 3 月 11 日发生的马德里

---

① European Council, Conclusions and Plan of Action of the Extraordinary European Council Meeting (21 September, 2001), Doc. SN140/01, p.1.

② Council of the European Union, Declaration by the Heads of State or Government of the European Union, Follow-up to the September 11 Attacks and the Fight against Terrorism, Doc. SN 4296/2/01 REV 2.

③ Council of the European Union, A Secure Europe in a Better World, European Security Strategy, December 12, 2003, p.3.

恐怖袭击再次改变了欧盟对恐怖主义威胁的认识。欧洲本土发生大规模恐怖袭击，让欧盟国家认为欧洲已经成为恐怖分子发动攻击的主要目标之一。这将反恐推向了欧盟议程的核心，也影响了其后欧盟反恐立法的走向。

马德里恐怖袭击之后，新的政治环境加快了欧盟反恐立法的节奏，反恐成为欧盟内部发展最快的政策领域[1]，也对欧盟产生了宪法性影响。《欧洲宪法条约》通过"团结条款"为反恐合作提供新基础。《欧洲宪法条约》的后继者《里斯本条约》将"团结条款"规定在《欧盟运行条约》第222条，为欧盟层面的反恐合作提供新的法律基础。马德里恐怖袭击也使欧盟对推动成员国反恐合作更加重视，设立欧盟反恐协调员一职，专门负责协调成员国反恐方面的行动和信息交流。这一阶段欧盟反恐立法和行动最突出的特点，是围绕着对欧盟反恐行动计划的更新和充实而通过的大量反恐政策和法律文件。2004年3月25日欧盟发表的《打击恐怖主义宣言》为修改反恐行动计划确立了7项反恐战略目标，升级后的反恐行动共包括155项措施和行动。措施更加具体，执行期限更加明确。随后欧盟理事会通过了在欧洲加强自由、安全与司法领域的《海牙计划》。2004年11月22日，理事会通过了欧洲安全与防务方面反恐的概念框架，建议使用该框架下全面的危机管理和冲突预防能力，来支持2004年3月理事会宣言中列出的欧洲反恐目标。[2]这一阶段，欧盟反恐计划最后的更新是在

---

[1] Christopher Eckes, "The Legal Framework of the European Union's Counter-Terrorist Policies: Full of Good Intentions?" in Christopher Eckes, *Crime within the Area of Freedom, Security and Justice: A European Public Order*, Cambridge: Cambridge University Press, 2011, p.127.

[2] Conceptual Framework on the ESDP Dimension of the Fight Against Terrorism, Doc. 7815/1/05 REV 1.

2005年5月24日。虽然目标并未变化，但反恐措施和行动数量庞大，陡增到203项。此外，欧盟在反恐战略的范围内引入了一个新元素：调查恐怖分子的招募和极端化问题。自此，事前预防恐怖主义，而不仅仅是打击恐怖主义的态度开始成为欧盟的核心反恐观念之一，影响了后续的一系列反恐政策和立法。

整体而言，虽然反恐政策数量众多，但仍显得不成体系，缺乏对成员国的约束力，执行非常缓慢，影响了这一阶段欧盟反恐的效果。而且，欧盟依然缺乏长期的、容易理解的，能够作为成员国政府战略指导的反恐政策。有些研究认为，欧盟反恐行动计划中"有许多提案与回应恐怖主义几乎或完全没有关系——它们是处理一般犯罪的[①]"。应该说，反恐政策和措施短时间内的数量陡增，证明迫近的安全威胁是欧盟反恐政策和立法发展的直接推动力；反恐政策和措施不成体系、执行缓慢、关联性不足和缺乏拘束力的问题，则反映了反恐领域欧盟措施的应急性和被动性，以及欧盟反恐权能的局限性和辅助性。欧盟反恐的政策和立法更多是围绕当时面临的紧迫安全危机来发展的。恐怖袭击往往导致欧盟反恐政策举措数量激增，随后出现减速期，直到新的恐怖袭击再次将恐怖主义推到议程的首位。恐怖主义威胁的类型、严重程度和紧迫性的变化，直接影响欧盟反恐法的阶段性演进。但反恐和刑事司法议题的敏感性，也使得成员国很难在与主权有关的问题上让步。此外，马德里恐怖袭击发生之后，欧盟开始注意到恐怖分子的本土化问题，从2004年底开始在行动计划中发展遏制极端化和打击恐怖分子招募的战略。恐怖主义袭击造成的重大损失和破坏性影响，使重视预防，提前介入时间，避免威胁发生开

---

① Statewatch, "Scoreboard on Post-Madrid Counter-terrorism Plans", 23 March, 2004, http://www.statewatch.org/news/2004/mar/swscoreboard.pdf.

始成为欧盟反恐政策的重要目标之一。

四　体系成形阶段

2005 年 7 月 7 日发生的伦敦恐怖袭击对欧盟反恐法的发展具有决定性的意义。伦敦恐怖袭击是由 4 名之前不为警察所知的本土年轻人发动的。恐怖组织以前曾从外部对欧洲进行恐怖袭击，但未经怀疑的年轻人可能突然从内部对欧洲社会构成威胁，这种"本土恐怖主义"问题的出现进一步加深了欧洲公众的恐惧。欧盟在袭击发生后迅速采取了行动，2005 年 7 月 13 日召开欧盟理事会特别会议，通过了谴责恐怖袭击和承诺"加快执行欧盟反恐行动计划和其他现有承诺"的宣言。欧盟理事会不但要求快速通过和执行一些已经准备好的重要欧洲反恐法律文件，而且宣布要在 2005 年 12 月审查所有反恐活动，包括各国有确保欧盟反恐法实施的正确框架，在国家层面能确保有效执行欧盟反恐措施。欧盟反恐立法的速度进一步加快。宣言初步明确了欧盟下一步反恐政策和立法的重点：改善跨境追捕和调查恐怖分子的能力，预防人们转向恐怖主义，保护人民和设施，以及改进治理能力，最小化恐怖袭击的后果。这些目标都反映到了由英国主导的《欧盟反恐战略》之中。

《欧盟反恐战略》是欧盟反恐的核心文件和长期战略，确定了"预防、保护、起诉和回应"四大反恐目标，列出了实现目标的具体方法。该政策文件的出台，表示欧盟希望构建全面连贯的反恐政策体系。该文件也确立了其后欧盟反恐政策和反恐法的发展方向和内容。通过反恐战略，欧盟的承诺是全球打击恐怖主义，同时尊重人权，以及维护更安全的欧洲，让公民居住在自由、安全和正义的环境中。以"预防、保护、起诉和回应"四大反恐目标将之前通过的反恐政策和措施，立法，机构和行动组织包括在内。

此外，欧盟在 2005 年 11 月 24 日还通过了打击极端化和恐怖分子招募的相关政策文件，承诺要打击恐怖主义网络和将人们引向恐怖主义的活动，确保主流观点的声音胜过宗教极端主义，积极推动安全保障等。这两份政策文件的内容和重点，体现了英国反恐政策和立法的思想，尤其是英国对预防和遏制极端化趋势的重视。这一阶段对欧盟反恐有重要影响的另一个文件是 2007 年的《欧洲安全战略》。该文件表明，安全环境被极端化这一新威胁所困扰，传统的自卫概念已经过时。这意味着必须在危机发生前就准备好行动。从这个阶段开始，欧盟反恐与前阶段集中于协调成员国刑法、推动跨境刑事合作的传统刑事合作模式有了明显的区别，逐渐体现出重视预防的特点。

这些核心反恐政策文件对欧盟反恐立法有重要的影响。欧盟反恐法的基石——《打击恐怖主义框架决定》，在 2008 年 11 月修改，其中就包括了预防相关的调整，允许对招募恐怖分子（包括网络招募），以及传播可以被用来进行恐怖袭击的消息（例如，制作炸弹的方法）进行起诉。饱受争议的《数据保留指令》规定全欧的电信公司保留个人联络模式的数据，留待成员国有关当局调查严重犯罪时使用。该立法在伦敦地铁爆炸袭击后极短的时间内获得通过，也体现了这阶段欧盟反恐政策"危机发生前就准备好行动"的要求。新立法的核心目的正是加强欧盟在安全领域的预防能力。这些有争议的措施在很短的时间内被纳入法律中，能说明这类为了安全目的遏制人权保护的实践在欧洲有深厚的基础。虽然《数据保留指令》对重要内容规定得十分模糊，于 2014 年被欧盟法院以不合理干涉个人隐私而判定为非法，但从该指令能够在伦敦爆炸案之后获得政治动力这点来看，其内容体现出的预防意图、功能和模式得到了欧盟的认同。

五　后巴黎—布鲁塞尔时期：再重视阶段

随着本·拉登的死亡和"基地"组织影响力的减小，加之欧洲有几年没有发生严重的恐怖袭击，欧盟反恐一度呈现出反恐协调员2009年所言的"反恐疲劳"[①]状态。反恐议题逐渐淡出欧盟的核心议题领域，甚至出现了欧盟反恐法律存续必要性的讨论。但是，随着"伊斯兰国"的迅速兴起，以及对返回欧洲的外国恐怖主义战斗人员的忧虑，形势又绕了一大圈，反恐再次成为欧盟的重心。2015年和2016年巴黎和布鲁塞尔接连遭受大规模恐怖袭击和难民涌入欧洲的现实，更是加快了欧盟更新反恐政策的节奏。应该说，从"9·11事件"到现在，恐怖主义的威胁产生了值得注意的变化。威胁的特点体现为分散性和来源的多样性，从有组织的团体和网络到较小的以欧盟为基础的团体到单独的恐怖分子或单独行为体。网络是这阶段恐怖主义相关活动升级的关键因素。欧盟执法合作局的报告认为，现在欧洲面临的安全威胁是分散的和广泛的。这一阶段，欧盟对跨境人口流动，外部边境控制和情报交流相当重视，认为跨境个人移动与恐怖主义之间存在联系。其结果就是优先考虑升级监控措施，加强情报交流。2016年1月，欧盟在欧洲刑警组织内部设立欧洲反恐中心，在监督和调查外国恐怖主义战斗人员、贩运非法枪支和资助恐怖主义方面增强信息共享和行动协调。成员国派遣反恐专家，协助构建一个更强的跨境调查支持单位，为调查欧盟内重大恐怖事件提供快速广泛的支持。

自2014年到2018年，欧盟在反恐政策的完善、反恐立法的制定和反恐机构的建设方面都非常积极。为应对前往叙利亚和伊拉克

[①]　EU Counter-Terrorism Coordinator, EU Counter-terrorism Strategy-discussion Paper, 15359/1/09 REV 1, p.2.

的外国恐怖主义战斗人员对欧盟及其成员国带来的重大安全威胁，2014 年欧盟对反恐核心政策文件《欧盟反恐战略》进行了修订，全面丰富了《欧盟反恐战略》的"预防、保护、起诉和回应"四大反恐目标。"预防"包含各种旨在共同打击极端化和恐怖主义招募的目标。例如通过改进枪支管制，监控获取和持有武器的情况；为了"更好迎接不断演变的恐怖主义威胁的挑战"，扩大恐怖主义犯罪清单。"保护"在一定程度上与"预防"重叠，因为它包括改善运输安全和保护战略目标，确保外部边界安全。最终目标是通过填补安全漏洞来处理跨境犯罪，减少"关键基础设施的脆弱性"。"起诉"旨在使恐怖分子更难以计划和组织他们的罪行，将这些恐怖分子绳之以法。为此，欧盟在加强国家能力，改善警察和司法当局之间的合作和信息交流，打击恐怖主义融资和剥夺恐怖分子的支持和沟通手段方面采取了系列措施。"回应"指的是通过"提高处理善后的能力，协调应对措施以及支持受害者的需求"来准备，管理和减少恐怖袭击的后果。这包括制定欧盟危机协调安排，修改民事保护机制，开发风险评估工具和分享"援助恐怖主义受害者的最佳做法"。《欧盟反恐战略》的更新还包括一个名为"其他优先事项"的类别，主要涵盖了国际合作、打击在线极端化和信息交换。国际合作方面，强调"高层政治对话，通过合作条款和协议，或具体援助，与战略国家的能力建设项目"的重要性。打击在线极端化，包括与互联网服务提供商和平台合作，以打击与恐怖主义相关的内容。信息交换，包括通过欧洲反恐中心、有关警方合作、数据交换、DNA分析文件互访以及指纹识别和车辆登记数据的普鲁姆（Prüm）计划和申根信息系统等数据库的建设、使用和交流，来更好地应对恐怖主义威胁。

　　除了《打击恐怖主义战略》等具有影响力但不具法律约束力

的政策文件外，欧盟还出台了许多反恐立法要求成员国履行义务。2016 年 4 月 14 日，欧盟通过了《乘客姓名记录指令》[①]加强对航空乘客的信息收集，通过监控收集情报，分析乘客与安全威胁之间的联系，提前找出隐藏的恐怖分子。2017 年 3 月 15 日，欧盟通过了《打击恐怖主义和取代理事会框架决定 2002/475/JHA 和修改理事会决定 2005/671/JHA 的 2017/541 号指令》，即《欧盟打击恐怖主义指令》，代替被称为欧盟反恐基石的《打击恐怖主义框架决定》（2002/475/JHA）。该指令针对外国恐怖主义战斗人员带来的挑战，加强欧盟反恐法律框架，预防恐怖袭击。新指令加强并扩大了原有立法的范围，还完善了有关恐怖主义受害者权利的规定。整体而言，提前了刑法介入的时间，扩大了刑法惩罚的范围，体现的是反恐重心从抑制向预防的变化，可罚范围从实行行为向预备行为和辅助行为的扩展。[②]这意味着欧盟对恐怖主义威胁较之以往更为警惕，希望对于极端化现象能够尽早遏制，在实际危害发生之前采取控制措施。另一个重要活动领域是打击洗钱和资助恐怖主义。2018 年 4 月 19 日，欧盟委员会、欧洲议会和欧盟理事会在全体会议上通过了《第四反洗钱指令》的修正案，即《第五反洗钱指令》。值得注意的是，《第四反洗钱指令》实施不过 3 年时间就被取代，《第五反洗钱指令》是 2016 年 2 月巴黎和布鲁塞尔袭击事件后宣布的反恐行动计划的一部分，很显然是反恐目标加速了该立法的升级。

---

① European Parliament, Results of Votes, April 14, 2016, p.3, http://www.europarl.europa.eu/sides/getDoc.do?pubRef=-%2F%2FEP%2F%2FNONSGML%2BPV%2B20160414%2BRESVOT%2BDOC%2BPDF%2BV0%2F%2FEN&language=EN.

② 魏怡然：《后巴黎—布鲁塞尔时期欧盟反恐法的新发展》，《欧洲研究》2016 年第 5 期。

修改后的指令增强了欧盟对洗钱和恐怖主义融资的监管，规定在不妨碍支付系统正常运作情况下关闭罪犯的融资渠道，最重要的是，新的反洗钱指令首次对虚拟货币可能造成的洗钱和恐怖融资风险作出了规定。

自"9·11事件"之后18年的发展，让欧盟成为一个有自身特点的国际反恐主体。从内容来看，欧盟反恐立法包括大量实体刑法和程序法，跨境反恐合作机制，以及许多补充的安全与预防措施。众多欧盟机构和机关被授权执行或协调欧盟反恐政策。结合巴黎恐怖袭击和布鲁塞尔连环爆炸案之后欧盟反恐法的快速发展，当前欧盟反恐法主要包括四个方面的内容：以《打击恐怖主义指令》为基础的欧盟反恐刑法、欧盟反恐融资法、欧盟反恐金融制裁和欧盟反恐合作机制。

第四节　欧盟反恐法的条约基础

一　《欧洲联盟条约》构建跨支柱反恐框架

欧盟在内外安全方面的正式角色于1992年在《欧洲联盟条约》（又称《马斯特里赫特条约》，以下简称《马约》）中确立，该条约创立了欧盟。当时欧共体制定了一个新目标，即建立一个无内部边界的区域，并在1992年底之前实现人员的自由流动。这引发了废除内部边界也会使罪犯受益的担心，欧共体成员国不得不考虑补偿措施，决定采取措施治理边境。建立欧盟的另一个原因在外部层面，东欧共产主义的崩溃和德国统一的前景导致了加强共同体国际立场的理念。在内外因素的作用下，《马约》将欧洲共同体成员国在外交和司法与内政领域的政治合作正式化和制度化，给欧共体增加了两个支柱：第二支柱，共同外交与安全政策（CFSP），为协调对外安全政策提供机制；第三支柱，司法和内务①（JHA），创立了欧盟在内部安全事务上的权能。虽然当时反恐并非欧盟关注的议题，但《欧洲联盟条约》使欧盟能够迎接新的挑战，为后来欧盟在反恐领域发挥作用提供了法律基础。

"9·11事件"体现了新时期恐怖主义威胁的国际性和多面性。不仅内部安全会因为恐怖主义受到威胁，外部政策也受到影响，甚至必须考虑军事因素。因此，遏制恐怖主义的威胁被认为是涉及欧盟全部3个支柱的挑战，3个支柱都具备反恐功能。当行动有关第一支柱下的权能或目标时，反恐行动可以在第一支柱下开展。虽然恐怖主义并未在条约对第二支柱的内容中明确规定，但"全面加强联盟安全"的目标有将第二支柱应用于反恐议题的潜力。第三支柱内容主要包括九大领域：避难政策；控制管理从第三国跨越外部边界入境的人；移民政策及对第三国国民的政策，包括居民、家庭权利、就业以及非法移民；打击吸毒；打击国际诈骗；在民事问题上的司法合作；在刑事问题上的司法合作；海关合作；阻止和打击毒品走私、恐怖主义和其他形式的严重国际犯罪②。从功能上看，第三支柱在反恐中最为突出，其主导者是司法与内务理事会，由各国的司法和内务部长组成。第三支柱反恐权能包括警察合作、发展欧洲刑警组织、司法合作、刑法一体化和对外活动。

跨支柱的反恐也存在问题。《马约》虽然启动了将各个独立国家聚集在一起打击恐怖主义的框架，但没有让欧盟形成统一的法律秩序，只是各国形成其意愿和做出决定的讨论平台。第一支柱由共

---

① Justice and Home Affairs，JHA。后更名为刑事领域的警务与司法合作，简称 PJCC。

② 欧共体官方出版局：《欧洲联盟条约》，苏明忠译，国际文化出版公司1999 年版，第 121 页。

同体机构运作，具有超国家的性质；第二支柱和第三支柱属于传统"政府间"运作模式。在《里斯本条约》生效之前，欧盟第一支柱较之第二和第三支柱更为一体化。虽然第二支柱和第三支柱的有关权能在"9·11"事件之后也有所发展，后来更是随着《里斯本条约》的批准和生效得到增强，但是共同外交与安全政策仍然在一般立法程序之外，这对立法的有效性和一致性有直接影响，也对跨支柱反恐的进行带来了不确定性和适用困难。

二 《阿姆斯特丹条约》促进反恐作用

1997年10月，欧盟15个成员国在荷兰阿姆斯特丹签订了《阿姆斯特丹条约》（以下简称《阿约》）。《阿约》主要是对《马约》及欧共体一些其他条约进行修改，完善《马约》确立的新法律秩序。其中对《马约》确立的第三支柱，即司法和内务合作方面进行了删减，将部分内容并入第一支柱，即欧共体的管辖范围，原有的第三支柱转变为刑事司法合作专门条款。自此，反恐等方面的刑事犯罪政策和法律主要通过第三支柱进行协调。

《阿约》对欧盟反恐法的发展和反恐机制的建设起到了积极推进的作用，大大增加了欧盟对成员国刑事司法决策的影响，构建具有高度安全保障的自由、安全与公正区域（AFSJ）成为欧洲公民的共同目标。同时，共同立场、框架决定、公约及决定等法律形式成为成员国刑事司法合作的主要适用方式。

《阿约》创立了有利于欧盟在反恐议题上发挥作用的法律手段，即推进各成员国法律规范以及行政规范协调统一的框架决定（Framework Decision）。框架决定在《阿约》生效后逐渐取代共同行动，这对欧盟反恐法和反恐行动的发展有很大的积极影响。框架决定对成员国是有一定的间接约束力的，虽然可能使成员国在一定程度上修改或补充本国法律相关规定，但其适用不需要经过成员国的全民公决或是获得议会的批准。框架决定保证欧盟立法最终能被成员国接受，成员国可以根据本国情况选择各自的转化模式，这就大大增强了欧盟在刑事司法领域推动成员国立法和规则趋同发展的作用。《阿约》第 29 条规定，紧密的警务及司法合作以及成员国之间的刑事司法相互接近是建立自由、安全与公正区域所需要的途径。《阿约》第 31 条第 5 项还规定，在有组织犯罪、打击恐怖主义以及贩运毒品领域，欧盟将逐步建立犯罪构成要件以及刑罚的最低规则。[①] 这是《阿约》首次规定刑事司法的相互接近原则在恐怖主义犯罪方面适用，为欧盟反恐刑法对成员国有关恐怖主义犯罪的构成要件和判罚标准发挥协调作用打下了基础。

《阿约》还加强了欧洲法院的管辖权。根据《马约》，第三支柱的欧洲法院司法管辖是非强制的，只有在《马约》条款明确规定下才能适用司法管辖权。《阿约》确立了欧洲法院的普遍管辖权。一般来说，成员国案件在迫不得已的情况下才提交欧洲法院，但是欧洲法院的司法管辖权及有权对共同体立法意义的框架决议及一般决议进行合法性审查逐渐成为定局。这也给欧洲法院带来充分的空间运作共同体法的一般原则。

《阿约》的改革为欧盟反恐提供了更充分的法律基础，更广泛的反恐工具，机构能力也得到增强。但是从结构上也能够看出，无论是法律上还是政治上，欧盟在反恐事务中仍是起次要作用，行动能力依然缺乏，机构的复杂性和跨支柱的协调问题依然是欧盟反恐的主要阻碍。

---

① 于文沛：《欧盟刑事一体化的起源与发展》，《北方法学》2015 年第 4 期。

三　《里斯本条约》整合强化反恐权能

《里斯本条约》2009年12月1日生效后，取消了三个支柱的结构，在刑事合作领域中实施有效多数的表决机制，欧盟委员会独自享有提案权，欧洲议会通过共同决定机制也将发挥更大的监督作用，欧洲法院的司法管辖权扩大，可以对反恐政策产生重要影响。《欧洲联盟条约》第3条明确规定，欧盟的目标在于向其公民提供一个没有内部边界的自由、安全和公正的区域，人员自由流动得到保障，并确保制定对外部边界的控制、避难、移民、组织与打击犯罪有关的各项措施。[1]《欧洲联盟运行条约》第67条规定欧盟应该在尊重基本权利与各成员国不同法律制度和传统的基础上，构成一个自由、安全与公正的区域。[2]应该说，《里斯本条约》的这些目标凸显了欧盟对安全和自由的重视。要达成这些基本目标，加强打击国际恐怖主义具有重要意义。《里斯本条约》的改革，有助于从内部和外部加强欧盟在遏制国际恐怖主义方面的作用。

（一）更明确的内部法律基础

《里斯本条约》为欧洲刑法的历史写下新的一页。出于对打击严重跨国犯罪的重视，《里斯本条约》以罗列具体犯罪的方式，为反恐提供了特别的法律基础。在打击恐怖主义方面，《欧洲联盟运行条约》第83条规定，欧洲议会与理事会可以根据普通立法程序，即共同决定与有效多数决的方式通过指令，就特别严重的跨国犯罪的界定与刑罚规定最低规则。条约中新增的包含恐怖主义、贩卖人口及对妇女与儿童的性剥削、非法贩毒、非法贩运武器、洗钱等犯

---

[1] 《欧洲联盟基础条约：经〈里斯本条约〉修订》，程卫东、李靖堃译，社会科学文献出版社2010年版，第33页。
[2] 同上书，第75页。

罪及组织犯罪。^① 这种制度的改革，使欧盟在刑事案件的司法合作上迈进一大步，能够在上述条约规定的犯罪领域，强化成员国间司法判决与司法决定的互相承认，并且使各成员国的反恐法律和规则日渐趋同化。

《里斯本条约》还简化了反恐的法律工具。为了达到整合制度的目的，《里斯本条约》在废除三个支柱结构之外，还将所有第二与第三支柱的法律工具统一适用于第一支柱。这样的法律制度改革，有利于欧盟提高内部安全政策的决策效率，降低成员国间的交易成本，有助于推动司法内政领域的合作与反恐方面的交流与协作。

（二）更强的对外行动能力

对外方面，《里斯本条约》设立欧洲理事会主席（President of the European Council）和欧盟外交与安全政策高级代表（High Representative of the Union for Foreign Affairs and Security Policy）的职位。理事会设立欧盟对外行动署（European External Action Service，EEAS），将原本分散于欧盟理事会与欧盟委员会的对外事务单位合并。新设的外交与安全政策高级代表与欧盟对外行动署扩充了人力资源，提高了单位级别，统一了行事权，还扩大了决策领域。能有效强化欧盟对外行动能力。最重要的，《里斯本条约》正式给予欧盟法律地位，使欧盟正式成为国际法主体，赋予常任理事主席任期的稳定性与一致性，外交与安全政策高级代表负责协调欧盟对外事务，让欧盟与国际社会在反恐事务的合作与协调上，能够提高对外行动的能力和一致性。

《里斯本条约》生效后，透过其制度变革与机制转化，使欧盟

---

① 《欧洲联盟基础条约：经〈里斯本条约〉修订》，程卫东、李靖堃译，社会科学文献出版社2010年版，第81页。

对外将有更大的行动能量，与国际社会在反恐合作上进行更紧密的协调与交流；对内则可通过进一步简化决策程序，提高决策效率，让成员国在打击国际恐怖主义犯罪方面能更密切的合作。但是，《里斯本条约》并未消除欧盟在反恐政策中的主要结构性困境，反恐的联盟框架仍然建立在国家反恐系统与主要受国家控制的互动与合作基础上，各成员国在优先事项、法律框架和组织方面仍然享有相对较大的自由裁量权。欧盟反恐政策和立法的执行仍然依赖于成员国的政治意愿和自觉性。因此，虽然欧盟想持续推进刑事司法合作的一体化，在反恐方面通过更多联盟立法，促进更深层次的情报交流和反恐合作，但却一直依赖于推进议程的政治动力。这种现象在前文论及的"反恐疲劳"阶段体现得尤为充分。直到近几年外国恐怖主义战斗人员逐渐引起欧盟反恐机构的注意和警觉，以及 2015 年之后恐怖袭击的发生，才使欧盟反恐法的发展和机制建设再次进入了新的高速发展阶段。

第五节　欧盟机构的反恐作用

欧盟成员国仍然是反恐的主要主体。欧盟的实际作用是协调成员国的反恐战略和立法，确保在共同框架内运作。实践中，虽然每个成员国都有不同的地缘战略利益和心态，例如有些成员国更倾向于自愿的情报共享而不是有约束力的合作，但通过整体协调，欧盟在监督和推动反恐立法和合作方面仍发挥着重要作用。在发展反恐相关政策和法律方面发挥核心作用的欧盟机构是欧洲理事会、欧盟理事会、欧盟委员会和欧洲议会。制定和实施欧盟反恐法律和政策的正式程序始于欧洲理事会（the European Council）的政府首脑制定安全和反恐方面的战略指导方针。随后，欧盟委员会（the Commission）提出由政府官员组成的欧盟理事会（the Council of the EU）和欧洲议会讨论的法律和政策提案。然而，欧盟各机构之间的这种正式的任务分享并没有说明围绕反恐政策的权力关系。整体而言，欧盟理事会和欧盟委员会发挥着更重要的作用，这也说明成员国能否为反恐立法的通过提供政治动力是欧盟反恐法发展的关键。

一　欧盟委员会的反恐作用

（一）欧盟委员会的反恐职能和主要机构

欧盟委员会是欧盟的执行机构，为新的欧盟立法起草提案，实施欧洲议会和欧盟理事会的决定。此外，委员会与法院一起确保欧盟法律适用于所有成员国。欧盟委员会在与反恐政策有关的许多领域发挥了积极作用。在欧盟反恐法的产生和发展方面起到了重要影响，其权力是逐步扩大的。2009年《里斯本条约》生效后，欧盟委员会才获得与第三国谈判缔约的权力，能够在第三支柱中协商协议，得以在反恐领域发挥更大的作用。作为欧盟的执行机构，在反恐领域会提出法律提案（条例和指令）；监督具有反恐职能的欧盟机构，特别是欧盟执法合作局、欧洲司法组织（Eurojust）、欧盟边境管理局（Frontex）的工作运行；向欧盟成员国分配来自内部安全基金的资金，支持安全研究项目；等等。委员会对欧盟前"第三支柱"（"自由、安全和公正领域"）的主要责任在于内政总司（DG HOME），该部门受移民、内政和公民事务专员迪米特里斯·阿夫拉莫普洛斯（Dimitris Avramopoulos），一位前希腊大法官的领导，其在反恐领域的工作主要是确定欧盟在打击恐怖主义和极端化方面可以发挥真正作用的地方，当前的工作重点是应对外国恐怖主义战斗人员的问题。

（二）欧盟委员会立法节奏的加快

近几年发生的大规模恐怖袭击让欧盟委员会加强了反恐机构的建设。2015年4月，欧盟委员会出台了《欧洲安全议程》。2016年，在布鲁塞尔发生恐怖袭击事件后不久，欧盟委员会就反恐和"为真正有效的安全联盟铺平道路"进行了沟通。欧盟委员会主席容克新设立了安全联盟专员一职，英国人朱利安·金爵士被任命为首任专员。他的任务和职能涉及反恐、极端化、有组织犯罪、外部边界管理和欧洲武器立法问题。从职责的角度来看，安全联盟专员负责推动反恐相关立法工作，这一职位的设置体现了欧盟委员会对于反恐立法的重视，朱利安·金自履职以来在反恐事务领域非常活跃。近两年，欧盟反恐立法的节奏明显加快了。

（三）欧盟委员会边境监控和情报收集能力的加强

自《欧洲安全议程》开始以来，在反恐问题上讨论的许多议题都是以前作为移民和边境管理问题来处理的。从欧盟边境管理局权限扩大，到收紧申根边界，直至欧盟信息系统（如第二代申根信息系统）的扩展和整合，在传统意义上都是边境管理的主要事项。其中，关于信息系统设立和扩充的提案最受重视。在这方面，欧盟委员会还设立了信息系统和交互操作高级别专家组，该专家组的工作是发现警察数据库交互操作的可能性。这些新的立法和信息系统发展动态说明，欧盟委员会认为严控边境、推动情报交流和实施大规模监控是当前最重要的反恐工具。

二 欧盟理事会的反恐作用

前文有关欧盟反恐法发展历程的论述可以说明，欧盟反恐法的发展模式是自上而下的，成员国政府仍然是该领域的推动力量。整体来看，作为欧盟的主要立法机构之一，欧盟理事会在反恐法的发展过程中起到主要推动作用，这一点通过前文关于欧盟反恐法演进的有关论述可以得到充分体现。此外，欧盟理事会设置的反恐协调员和相关各工作组也为反恐立法提供了各种专业分析和报告文件，对欧盟反恐法的发展和反恐实践的进行起到了实在的影响作用。

（一）反恐协调员的职能

反恐协调员一职设立于 2004 年马德里袭击事件后。在欧洲本土爆发大规模恐怖袭击之后，欧洲理事会提出设置反恐协调员一职。首任欧盟反恐协调员由前荷兰内政部长 Gijs de Vries 担任。2007 年该职位由 Gilles de Kerchove 接任，他曾任欧盟理事会司法和内务事务理事会主任。直到现在，de Kerchove 仍然担任反恐协调员，该职位受理事会总秘书处的管辖。[1]

反恐协调员主要的职责是协调欧盟理事会在反恐领域的工作、监督欧盟反恐战略的实施和确保欧盟在反恐斗争中发挥积极作用。反恐协调员每 6 个月提出针对优先行动领域的详细政策建议，向欧盟理事会推荐优先行动领域和具体政策，改善欧盟与第三国之间在反恐方面的沟通问题并在必要时分析其他情况，向理事会报告。这些报告可以作为反恐政策、战略和实施方面的指南。反恐协调员为改善欧盟内部和对外的反恐合作付出了许多努力。通过分析反恐协调员的建议可以发现，de Kerchove 不断要求给予欧盟反恐领域更多的权能。例如，对于欧盟执法合作局，如果成员国的警察要求增加向欧盟执法合作局的数据传输，则需要扩大信息系统。于是，理事会和委员会将这些提案纳入新条例或其他措施。在随后的反恐协调员报告中就会评估进展，并呼吁成员国进行必要的努力。

---

① The Council of European Union, Declaration on Combating Terrorism, Council doc. 7906/04 (29.03.2004), p.2.

（二）　欧盟理事会工作组的职能

自 2013 年初以来，极端化和外国恐怖主义战斗人员问题一直是欧盟理事会议程上的常规项目。对此理事会工作组制定了全面的回应方法，包括内部和外部的行动方针。欧盟司法和内政事务委员会由成员国的相关部长组成，每 3 个月举行一次会议，有时他们会进行非正式会面。关于司法和内政的措施以及法律行为的实际工作是在不同的理事会工作组内进行的。

1. 信息交流和数据保护工作组（DAPIX）处理有关警务和刑事司法领域现有和新数据库的立法。他们与欧盟执法合作局一起负责实施欧盟的信息管理战略。该工作组还负责确保有关个人数据保护的规定得到遵守。

2. 申根事务工作组在四个不同的系统内举行会议进行工作，SIS SIRENE 讨论申根信息系统；SIS TECH 处理技术问题，例如将旧的申根信息系统升级到第二代；Schengen acquis 小组协调立法事务；SCHEVAL 则关注对申根信息系统的评估事宜。

3. 执法工作组（LEWP）负责跨境警务工作运行事宜。其目的是在技术、打击跨界犯罪现象、重大活动和立法行动方面加强成员国当局之间的合作。执法工作组与欧洲警察学院（CEPOL，总部设在布达佩斯）和欧盟执法合作局保持合作。

4. 实体刑法工作组（DROIPEN）关注各国法规的标准化和新刑法规定的工作。该小组最近的工作是草拟了 2017 年 2 月通过的《打击恐怖主义指令》文本。

5. 恐怖主义问题工作组（TWP）负责包括数据交换，预防极端化，以及通过成员国的警察和秘密机构评估恐怖威胁在内的反恐事务。他们还处理欧盟执法合作局的情况报告，现在还会越来越多地报道欧洲情报分析中心（INTCEN）的报告，该中心从成员国的情报机构获取信息。实践中，恐怖主义问题工作组与前特莱维工作组，反恐协调员和欧洲执法合作局保持长期合作，共同应对反恐问题。

6. 国际方面恐怖主义问题工作组（COTER）是对外关系理事会的成员。它涉及风险分析和与第三国的合作。例如，它监督与突尼斯或利比亚等国就恐怖主义问题进行的对话和措施。两个恐怖主义问题工作组在各种政治领域保持合作，双方每6个月举行一次会议。但是，国际方面恐怖主义问题工作组的议程和协议不公开，这点与恐怖主义问题工作组相反。

7. 警察和司法合作领域的刑事事务协调委员会（CATS）由各成员国司法和内政部的部长组成。CATS是理事会立法机构的顶点，与常驻代表委员会保持联络。在将文件提交给常驻代表委员会之前，由协调委员会从战略角度分析相关理事会工作组在警察和司法合作领域的档案材料。

8. 内部安全事务合作常设委员会（COSI）。恐怖主义问题工作组具有更多的实施功能，内部安全事务合作常设委员会在反恐方面的作用更具战略性。其任务是评估各机构和成员国的反恐措施，并在必要时进行协调。这涉及起诉、边境管制和司法合作。内部安全事务合作常设委员会向司法与内务理事会报告并在发生恐怖袭击或灾难时提供支持。

总的来说，除实体刑法工作组外，所有工作组都涉及情报和信息交流工作。这一方面能说明各成员国将欧盟视为信息交流的平台，重视情报工作在反恐中的重要性；另一方面也反映了欧盟反恐存在一定程度机构功能重叠的问题。

三 欧洲议会的反恐作用

（一）欧洲议会反恐权能的增强

欧洲议会是欧盟拥有立法权的三个机构之一，参加普通立法程序，通过新的指令和条例。有些人认为，议会在反恐方面的建议不受重视。[①]但《里斯本条约》的通过改变了这个状况。欧洲议会在司法和内务领域的欧盟立法中获得了重要权力，可以发挥监督和审查的作用，例如通过决议呼吁采取某些措施，行使其预算权力。欧洲议会开始在欧盟反恐议题中越来越积极地发挥作用。近几年，外国恐怖主义战斗人员引发的安全问题成为重要议题，欧洲议会对该问题的关注体现了自身的特点，更重视其中的基本权利保护问题。对打击恐怖主义的各项政策和立法，欧洲议会强调必须加强确保安全的努力，同时充分尊重法治和人权等欧盟共同的价值观。[②]

（二）欧洲议会对反恐论题中人权保护的重视

欧洲议会持续对外国恐怖主义战斗人员问题表示关注。从保护基本权利的角度出发，欧洲议会在一些关于消除和防止极端化，促进信息交流以及与第三国的合作方面的决议中对外国恐怖主义战斗人员的问题表达了看法与建议。

在消除和防止极端化方面，欧洲议会2017年12月12日《关于加强公民权利的决议》[③]强调了在司法领域实施长期积极主动的去极端化进程的重要性，呼吁成员国采取多层次的方式打击极端化问题。此外，欧洲议会2017年10月5日《关于监狱系统和条件的决

---

① Matthias Monroy, "Who Drives EU Counter-terrorism? On the Legislation of the European Union, Security Architectures and Police Collaboration in the EU", https:// digit.site36.net/2017/05/16/who-drives-eu-counter-terrorism-on-the-legislation-of-the-european-union/.

② Francesco Ragazzi, *The Return of Foreign Fighters to EU Soil*, European Parliamentary Research Service, p. 21.

③ European Parliament Resolution of 12 December 2017 on the EU Citizenship Report 2017: Strengthening Citizens' Rights in a Union of Democratic Change (2017/2069(INI)) Select, p.1, OJ C 369, 11.10.2018, pp. 11–21.

议》^①建议成员国采取措施防止监狱中的极端化问题，制订应对方案，推动重返社会政策的实施，并交流这一领域的最佳做法。欧洲议会2016年12月14日的决议^②关注了"伊斯兰国"控制地区的儿童问题，强调了童兵遣返、复原和重新融入社会的重要性，呼吁委员会通过为下一个五年提出的全面的儿童权利战略和行动计划，优先考虑儿童的权利。

在信息共享方面，除支持《打击恐怖主义指令》外，欧洲议会2016年7月6日《关于委员会战略优先事项的决议》^③呼吁委员会监督欧盟的反恐措施，包括成员国的转化和实施有效的警察和司法合作，特别是通过欧盟执法合作局和欧洲司法组织促进成员国之间的信息共享。

在与第三国的合作方面，2016年4月14日《关于土耳其报告的决议》^④敦促土耳其加强努力，防止外国恐怖主义战斗人员以及资金和设备流入宗教极端主义团体。2015年7月9日《关于中东和北非（MENA）地区安全挑战的决议》^⑤强调了改善成员国与中东和北非国家在打击恐怖主义方面的合作的重要性，呼吁加强这些

---

① European Parliament resolution of 5 October 2017 on prison systems and conditions [2015/2062(INI)], OJ C 346, 27.9.2018, pp. 94–104.

② European Parliament resolution of 14 December 2016 on the Annual Report on human rights and democracy in the world and the European Union's policy on the matter 2015 [2016/2219(INI)] Select, p.1, OJ C 238, 6.7.2018, pp. 57–88.

③ European Parliament resolution of 6 July 2016 on the strategic priorities for the Commission Work Programme 2017 [2016/2773(RSP)] Select, p.1, OJ C 101, 16.3.2018, pp. 116–122.

④ European Parliament resolution of 14 April 2016 on the 2015 report on Turkey [2015/2898(RSP)] Select, p.1, OJ C 58, 15.2.2018, pp. 164–174.

⑤ European Parliament resolution of 9 July 2015 on the security challenges in the Middle East and North Africa region and the prospects for political stability [2014/2229(INI)] Select, p.1, OJ C 265, 11.8.2017, pp. 98–109.

国家与欧盟执法合作局之间的合作。该决议进一步强调必须克服在外国恐怖主义战斗人员问题上的合作挑战。2015 年 3 月 12 日《欧洲联盟外交和安全政策高级代表年度报告的决议》^① 还强调需要加强国际和欧盟内部的合作，防止外国恐怖主义战斗人员加入恐怖主义集团，呼吁成员国确保外国恐怖主义战斗人员在其国内刑法体系的范围内被绳之以法。

欧洲议会还采取其他措施更深入地对反恐议题发挥影响。2017 年 7 月 6 日，欧洲议会成立了关于恐怖主义的特别委员会（TERR）^②。该委员会的职责包括公正的检查，分析和评价成员国执法机构、欧盟主管机构和公认专家提供的事实与欧洲境内恐怖主义威胁的程度，提出适当措施帮助欧盟及其成员国预防、调查和起诉与恐怖主义有关的犯罪。^③ 关于恐怖主义的特别委员会的任务还包括评估欧盟反恐立法及其实施对基本权利的影响。这项工作可以提高欧盟对现有问题决策的透明度，推动欧盟更好地在事实的基础上制定政策。该特别委员会的工作是向议会提交一份中期报告和一份最终报告，其中载有关于将采取的措施和举措的建议。

第六节　小结

整体来看，欧盟通过近 20 年的时间，建设了以反恐法和跨境

---

① European Parliament resolution of 12 March 2015 on the Annual Report from the High Representative of the European Union for Foreign Affairs and Security Policy to the European Parliament [2014/2219(INI)] Select, p.1, OJ C 316, 30.8.2016, pp. 130–140.

② European Parliament decision of 6 July 2017 on setting up a special committee on terrorism, its responsibilities, numerical strength and term of office [2017/2758(RSO)], OJ C 334, 19.9.2018, pp. 189–192.

③ European Parliament, Decision on setting up a special committee on terrorism, its responsibilities, numerical strength and term of office, 6 July, 2017.

交流合作为核心的区域反恐法律框架，表现为一种制度化的合作与协调体系。各国在欧盟框架下，共同制定具体的立法，构建合作机制来应对具有跨境性质的恐怖主义威胁。

欧盟反恐法发展的历程体现为两个特点：刑事司法合作的加速，以及转向更具有预先性的行动。欧盟反恐法的发展过程中，许多内容不是在相当短的时间内通过的，就是充满争议、本来难以通过的提案，因为恐怖主义威胁的迫近而得到通过的政治动力。尤其后一种，在实践中已经引发了许多的争议和学界的讨论。这反映了欧盟反恐法危机驱动的性质。欧盟注重按照恐怖主义威胁的发展变化来升级反恐政策和立法，而不是以能力导向建设加强反恐机制的权能，体现出鲜明的应急性和被动性。

从欧盟反恐法条约基础的发展来看，欧盟在反恐和安全领域的权能呈现出逐渐提高的趋势，这与欧盟的一体化发展是协调的。但与此同时，制约欧盟反恐方面机制和权能发展的局限并未解决，欧盟反恐法的内容和发展取向，以及具体效力和执行情况，都取决于欧盟成员国的意志。更具体地说，是取决于成员国面临安全威胁时，是否具有倾向于通过欧盟加强集体安全的政治动力。在这种情况下，欧盟反恐法的发展依然严重依赖于安全危机的催化。因为如果没有足够严重的安全威胁，成员国就会像"反恐疲劳"时期一样，不愿意对欧盟反恐法和机制的完善发展投入足够的资源。欧盟反恐法依然具有辅助性和补充性的特点。

值得注意的是，安全危机驱动的反恐模式虽然使欧盟反恐法能够迅速发展，在涉及恐怖主义的各个领域做出及时的回应，但也使它更集中于应对具体风险，而非自身能力的建设与提高。这种权能局限在恐怖主义威胁升级的情况下，会导致立法和措施增多，但无法突破功能障碍的情况。欧盟反恐法的发展主要体现在反恐领域的扩大、反恐措施的强化和反恐机构的增加上。例如，与反恐有关的3个理事会机构，司法和内务、外交和一般事务理事会有9个工作组支持他们的工作，而这些工作组也有一系列内部和外部的机构支持。这种随着特殊事件不断补充，而不删除或调整既有结构的发展模式，导致反恐机构体系迅速发展得非常庞大。[①] 随着恐怖主义威胁的不断升级，欧盟反恐法介入时间越来越早：从以已经造成的损害为基础采取反恐行动，转向以未来最坏情况为基础采取反恐行动；从接受一定的损害到不接受任何这类风险。这样的结果就是欧盟反恐立法和政策目标逐步地转向了预防，寻求预先采取行动，根除政治暴力可能产生的空间。这种危机驱动的特点，在后文欧盟反恐的刑法、反恐融资法、反恐金融制裁和反恐合作的具体规定和发展趋势方面，都能得到充分体现。

---

① Javier Argomaniz, "Post-9/11 institutionalisation of European Union counter-terrorism: emergence, acceleration and inertia", *European Security*, 2009, Vol.18, Issue 2, pp.151–172.

第二章　欧盟反恐刑法

　　《打击恐怖主义指令》取代了 2002 年通过、2008 年修改的《打击恐怖主义框架决定》，是欧盟反恐法的核心和基础。《打击恐怖主义指令》不仅界定了恐怖主义犯罪，而且还规定了对恐怖主义犯罪的最低制裁标准，要求成员国对恐怖主义受害者提供保护、支持和援助。通过分析欧盟反恐刑法的发展轨迹并对《打击恐怖主义指令》的整体作用和影响进行分析，笔者认为，欧盟对恐怖主义宽泛而模糊的定义，体现了欧盟反恐刑法对"预防"和"控制"的重视。随着反恐刑法的更新，欧盟逐步提前了刑法介入的时间，为了安全目的甚至改变了反恐刑法的重要原则和规则。经过修订的欧盟反恐刑法的预防作用越来越明显，执法机关的权力逐渐扩张，使成员国能够对未造成严重威胁的个人和组织提前采取行动，越来越体现出预先性防卫的特点。

第一节　欧盟反恐刑法概述

一　欧盟反恐的刑法模式

　　打击恐怖主义已成为欧盟的一项重要任务和重大挑战，欧盟反恐法是随着回应恐怖主义威胁不断发展的。欧盟反恐的核心政策文件《欧盟反恐战略》指出，恐怖主义是一种犯罪现象，对欧盟的安全构成严重威胁。成员国对打击恐怖主义负有主要责任，欧盟起辅助作用，通过加强成员国的能力促进欧洲合作，发展集体能力和促进国际伙伴关系来增加其行动价值。[1] 根据《欧盟反恐战略》，恐怖主义应通过刑法来解决。[2]

《欧盟反恐战略》确立了欧盟反恐的核心行动模式，通过刑法对恐怖主义犯罪作出规定，促进欧盟层面对反恐刑法基本问题的协调一致；通过建立以欧洲逮捕令为代表的一系列欧盟刑事司法合作机制，提高成员国跨境刑事司法活动的效率，进而有利于与恐怖主义案件相关的逮捕、引渡和起诉。从相关立法的通过速度来看，欧盟成员国对反恐的刑法模式比较能够接受，因为他们通常不准备让欧盟干预政治敏感的内部和外部安全问题。推动刑事司法合作也得到了成员国的支持，刑事司法合作效率的提高有利于打击跨国恐怖主义活动。总的来说，欧盟打击恐怖主义的刑法措施非常多，但欧盟对反恐问题的基础刑法规定，即《打击恐怖主义框架决定》[3]、其 2008 年的修正案[4] 及 2017 年通过、取代该框架决定的《打击恐怖主义指令》[5] 是所有反恐刑事立法的基础与核心。

---

[1]　The European Union Counterterrorism Strategy, supra note 4, p. 4.

[2]　R. Coolsaet, "EU Counterterrorism Strategy: Value Added or Chimera?" *International Affairs*, Vol.84, No.4, p.857, 2010.

[3]　Council Framework Decision of 13 June 2002 on combating terrorism, OJ L 164, 22.6.2002.

[4]　Council Framework Decision 2008/919/JHA of 28 November 2008 amending Framework Decision 2002/475/JHA on combating terrorism, OJ L 330, 9.12.2008.

[5]　Directive (EU) 2017/541 of the European Parliament and of the Council of 15 March 2017 on combating terrorism and replacing Council Framework Decision 2002/475/JHA and amending Council Decision 2005/671/JHA, OJ L 88, 31.3.2017.

二　欧盟反恐刑法的产生与发展

(一)　作为欧盟反恐基础的《打击恐怖主义框架决定》

1.《打击恐怖主义框架决定》的创新

2002年6月13日通过的《打击恐怖主义框架决定》（以下简称《框架决定》）是欧盟反恐立法起步的标志。该框架决定旨在协调成员国反恐立法，要求对恐怖主义进行严格的刑事处罚。它制定了恐怖主义犯罪的共同定义，提供了一套构成恐怖主义犯罪的行为清单及相应的处罚。该清单包括涉及指挥或参与恐怖组织的犯罪，以及各种形式的从事恐怖主义，煽动、帮助和教唆以及计划恐怖主义的犯罪行为。

虽然长期以来恐怖主义活动都是国际社会和国际法关注的问题，但是国际社会对恐怖主义的定义分歧很大。《框架决定》最突出的成就是对恐怖主义行为和与恐怖组织有关的行为下了定义。《框架决定》第1条第1项对被认定为恐怖主义犯罪的行为，按照损害对象、方式和后果的不同分8类列举。这些行为汇集了联合国打击恐怖主义相关公约的关键要素，将这些公约所针对的行为包括在内，例如造成人类死亡的攻击，对人类身体造成伤害的攻击，绑架或挟持人质，造成政府或公共设施或私人财产的损害，挟持飞机、船只、运输人员或货物，使用武器、爆炸物及生化武器等。该定义列出的每一项行为都与具体国际条约对应，甚至在文字上与国际条约的规定重复[①]。但是，《框架决定》的范围比这些公约的范围更宽，这主要体现在第1条第1款的（d）-（f）项中。而且，较之国际公约，

---

① E. Dumitriu, "The EU's Definition of Terrorism: The Council Framework Decision on Combating Terrorism", *German Law Journal,* Vol.5, 2004, pp.585, 593.

《框架决定》增加了保护自然资源供应的条款（第1条第1款h项），体现了欧盟对恐怖主义活动影响的重视。

《框架决定》与大多数联合国打击恐怖主义的公约最大的区别在于其对恐怖主义动机的强调。此前，只有1999年《制止向恐怖主义提供资助的国际公约》对恐怖主义活动的意图做出了规定，但是欧盟设立的标准更高。《框架决定》第1条明确规定了"严重恐吓"和"过度强迫"。对动机的强调体现了欧盟打击恐怖主义的核心观点，行动本身不是导致具备恐怖主义性质的原因，其背后的目的才是。因此，《框架决定》对恐怖主义的定义，一方面体现了欧盟对多边反恐公约规定的支持和联合国在打击跨国恐怖主义威胁中核心地位的支持；另一方面也体现了欧盟对于恐怖主义的影响和极端化问题的重视。这种对于"意识"的重视，在后续欧盟反恐刑法的更新中得到了充分体现，为主体范围的逐渐扩大打下了基础。

2.《框架决定》的成就和局限

《框架决定》的主要价值是让恐怖主义在所有欧盟成员国都被视为特别犯罪。《框架决定》的通过使得欧盟成员国能够快速有效地整合国内反恐立法，使彼此的反恐法律更为相似。继而让欧盟各成员国以此为基础，更容易对有关问题达成一致，加强彼此的互信和交流，促进反恐刑事司法合作。从更广泛深远的意义上来说，也有利于欧盟安全领域一体化的发展。《框架决定》也表明了欧盟在国际层面打击恐怖主义的意志，为其后多年欧盟反恐法快速发展和欧盟成员国之间的反恐合作奠定了基础。

《框架决定》整体上的主要缺陷在于四个方面。其一是目标过于宽松。框架决定的目标并不是各成员国反恐立法"一致"而是"接近"（approximated），而且给予成员国广泛的执行自由。在这种情况下，每个成员国对相应犯罪和刑罚规定的标准各异，并没有实现促进欧盟层面上共同定义的目标。各国标准的不一致，会导致在一国被认为是恐怖主义犯罪的行为而在另一国不被认为是恐怖主义犯罪，对法律的确定性产生负面影响。其二是关键措辞过于简单。《框架决定》第4条对"煽动、帮助或教唆"恐怖主义的行为做出了规定，要求成员国采取必要措施惩罚。但是这些规定过于简单和原则化，并没有对"煽动、帮助或教唆"进行必要的解释。框架决定对恐怖主义活动的客观要素做了规定，指其后果是对一国或是国际组织的严重损害。这个对于程度的强调得以让恐怖主义行为与其他在客观要素方面类似，但损害严重性较低的犯罪区分开来。但是，这个措辞相当含糊，给成员国根据具体情况进行严格或是扩大解释留出了余地。实践中成员国拥有过大的解释权，可能造成欧盟层面实践标准的多样化，影响法律的确定性；以及成员国主管当局通过扩大性解释拓宽执法权能。其三是实施效果不佳。《框架决定》是根据辅助性原则通过的，依赖于成员国的转化来实施。实践中各成员国反恐立法基础差异较大，对恐怖主义认识各不相同，对欧盟在反恐领域发挥作用心态各异，导致《框架决定》的实施存在明显的碎片化状态，效果不理想。其四是针对性不足。《框架决定》是欧盟对于"9·11事件"的回应，当时欧盟内部恐怖主义活动并不活跃，恐怖主义主要被视为外部威胁，《框架决定》的条文内容和执行规定都建立在这样的认识基础上。因此，在2004年、2005年欧盟发生两次重大恐怖袭击，安全形势发生转变之后，《框架决定》显得缺乏针对性，不足以有效引导欧盟反恐行动，急需修改。

（二）拓宽适用范围的《打击恐怖主义框架决定（修正案）》

2004年在马德里和2005年在伦敦发生的恐怖袭击事件使欧盟对恐怖主义的认识发生重大转变，需要对本土恐怖主义和极端化问题做出更有效的回应。国际层面上，2005年联合国安理会第1624号决议呼吁各国通过法律禁止煽动实施恐怖主义的行为[1]，2005年的《欧洲委员会防止恐怖主义公约》[2]也呼吁会员国将故意和非法公开挑衅实施恐怖主义行为、恐怖主义招募、提供恐怖主义培训定为犯罪。在这样的背景下，欧盟理事会框架决定2008/919/JHA对《框架决定》进行了修订，挑衅和煽动恐怖主义这类与恐怖主义相关的行为被列入欧盟反恐刑法。但从修订模式和内容来说，扩大惩罚范围并没有解决《框架决定》的关键问题。

新增的规定带来更多争议。修正案的第3条增加了3种与恐怖主义活动有关的犯罪，即公开挑衅要实施恐怖主义犯罪、恐怖主义招募和以实施恐怖犯罪为目的为恐怖主义提供培训的行为。应该说，注意到网络传播、挑衅恐怖主义犯罪的潜在危害性是正确的，而且修正案及时体现了这一点。但问题在于，原《框架决定》第4条包括了"煽动、帮助或教唆"，挑衅的含义与煽动极为相似，其实可以采取对煽动具体说明，将挑衅规定在内的立法模式，但修正案将它们分设在不同的条款中而且不加解释，这使得条款含义更加模糊，适用更加困难。过于笼统原则的立法模式没有修正，规定广泛内容模糊的条文没有澄清，适用的标准已经十分模糊，还新增了与原条款极为类似的规定，这只会让合法言论与非法煽动之间的界限更加模糊。

保障措施与惩罚措施严重失衡。修正案通过进一步增加"与恐怖主义活动有关的犯罪"扩大了反恐立法的规制范围，但是权利保

---

[1]　United Nations Security Council, Resolution 1624 (2005) Adopted by the Security Council at its 5261st meeting, on 14 September, 2005S/RES/1624 (2005).

[2]　Council Framework Decision 2008/919/JHA of 28 November 2008 amending Framework Decision 2002/475/JHA on combating terrorism, OJ L 330, 9.12.2008.

障措施却非常薄弱。修正案在序言的第 13 段到 15 段对保护人权有一般性和针对性的相关规定。但是，这些条文并不是有约束力的条文，而是在序言之中，这意味着人权能否得到保障主要有赖于成员国主管当局的态度和实施。考虑到实质规定已经扩大了惩罚范围，客观上还会起到扩大主管当局执法权能的效果，而人权保障条款又没有强制力要求成员国实施，实践中很可能导致起诉范围的扩大或是权力的滥用。

第二节　欧盟反恐刑法的更新

自 2015 年 1 月以来，欧洲接连发生恐怖袭击。在欧盟内部边境开放的环境下，多样化和分散性的袭击对区域安全造成了更大的威胁，源自本土的袭击人员行动活跃容易隐藏，获取和制造袭击工具也较为容易，恐怖主义威胁朝着越来越难以预防的方向演进。面对严峻的反恐局势，欧盟推出了新的反恐刑法。

一　欧盟反恐刑法更新的背景

（一）外国恐怖主义战斗人员的回流

外国恐怖主义战斗人员成为欧盟反恐政策和法律升级的主要原因。2015 年欧洲刑警组织的恐怖主义报告证实了外国恐怖主义战斗人员给欧盟和成员国带来的安全风险，认为"出于恐怖主义目的前往叙利亚和伊拉克的人员的规模是前所未有的，越来越多的出行和回流对欧盟的安全构成了重大威胁"。[1] 欧洲议会在《2015 年 2 月 11 日关于反恐措施的决议》《2015 年 7 月 9 日关于欧洲安全议程的

---

① Europol, The EU Terrorism Situation and Trend Report 2015, p.18.

决议》等文件中，都将外国恐怖主义战斗人员作为重点安全议题。[①]
欧洲议会认为，"在法国、比利时、突尼斯和哥本哈根发生的恐怖
主义袭击突显了这些外国战斗人员在欧洲及其邻国对欧盟国民的存
在和行动所构成的安全威胁……2015 年 11 月 13 日在巴黎造成数百
人死亡和受伤的可怕恐怖袭击再次突显了成员国和欧盟为防止极端
化和打击恐怖主义而采取协调行动的迫切需要[②]"。2016 年委员会
工作计划宣布了修订《打击恐怖主义框架决定（修正案）》的立法
提案，表示"成员国曾经并且面临越来越多的出于恐怖主义目的出
国的人的现象，以及他们返回时所构成的威胁"[③]，将解决外国恐怖
主义战斗人员带来的安全威胁作为反恐刑法修订的重点。

（二）国际反恐立法的发展

恐怖主义是对全球安全的威胁，欧盟需要对现有立法进行审
查，确保能充分遵守国际义务，符合国际立法的标准。《打击恐怖
主义指令》正是欧盟在反恐刑法方面对国际立法发展的回应，旨在
落实 2014 年联合国安理会第 2178 号决议[④]和 2015 年《欧洲委员会
防止恐怖主义公约附加议定书》[⑤]所产生的义务。

2014 年 9 月 24 日，联合国安理会通过第 2178 号决议，针对
恐怖主义行为给国际和平与安全带来的威胁，呼吁所有成员国解决
外国恐怖主义战斗人员的问题，将为实施、资助或提供与恐怖主义

---

① Antonio Caiola, "The European Parliament and the Directive on Combating ter-rorism", *ERA Forum*, Vol.18, Iss.3, 2017, p.413.

② European Parliament resolution of 25 November 2015 on the prevention of radicali-sation and recruitment of European citizens by terrorist organisations [2015/2063(INI)].

③ Explanatory memorandum accompanying the proposal, p. 2.

④ United Nations Security Council, Resolution 2178 (2014) Adopted by the Security Council at its 7272nd meeting, on 24 September 2014, S/RES/2178 (2014).

⑤ Council of Europe, Additional Protocol to the Council of Europe Convention on the Prevention of Terrorism, CETS No.217, 2015.

活动有关的培训的出国旅行确定为犯罪。在欧洲层面，2015 年 5 月 19 日通过的《欧洲委员会防止恐怖主义公约附加议定书》则要求会员国将与恐怖主义组织和恐怖主义活动相关的，或是以恐怖主义为目的的一些行为定性为犯罪，从而加强现有的反恐制度。附加议定书所列出的相关行为与联合国安理会第 2178 号决议保持一致，但在具体措辞上有微妙的区别。附加议定书明确要求会员国在尊重现有人权义务的同时执行上述程序，并指出各国在所追求的合法目标及其必要性方面应进一步遵守相称性原则，排除任何形式的任意性或歧视性或种族主义待遇。①

（三）欧盟反恐政策的演进

《欧盟反恐战略》体现了英国国内反恐战略的思想，尤其是英国对预防和遏制极端化趋势的重视。"预防"与"保护、起诉和回应"一起，被列为《欧盟反恐战略》的四大反恐目标。值得注意的是，2007 年的《欧洲安全战略》也表明，传统的"自卫"概念已经过时。这意味着欧洲必须在危机发生前就准备好行动，从而进一步强调了"预防"在欧盟反恐政策中的地位。此后，欧盟反恐政策对预防一直十分重视，反恐刑法的发展和修改也逐步加强了预防的特征。在当前的反恐形势下，欧盟希望能提前发现、主动控制具有恐怖主义威胁的人员，具有技战术能力的外国恐怖主义战斗人员的动向和意图成为当前欧盟反恐关注的重点，欧盟反恐法也向着更重视安全保障的方向发展。因此，避免恐怖主义威胁发生，提前对恐怖主义嫌疑人员采取控制，成为这一时期欧盟反恐法的重点。这也导致欧盟更倚重大规模监控和情报收集，以加强预防恐怖袭击的

---

① Daniel Hurley, " Combating Terrorism and the Potential Challenges Posed by EU Directive 2017/541", L&RSNote, 10 September 2018, pp.11–12.

能力。当前欧盟反恐法的新发展，正是实现和支持作为欧洲安全实践核心特征的预先性决策的。

二　欧盟反恐刑法更新的内容

在巴黎恐怖袭击发生不久后的 2015 年 12 月 2 日，欧盟委员会公布了《欧盟打击恐怖主义指令》的提案，以代替《打击恐怖主义框架决定》。2016 年 3 月，欧盟理事会对指令草案内容达成一致。2017 年 3 月 15 日，欧洲议会和欧盟理事会通过了《打击恐怖主义指令》，对欧盟反恐刑法的规定进行了一些重要修改。

（一）改变法律基础

《欧盟运行条约》第 83 条规定对于特别严重的跨国犯罪，基于犯罪的性质或后果或出于共同打击犯罪的特殊需要，欧洲议会和委员会可以根据普通立法程序通过指令，并明确将恐怖主义作为这种严重犯罪的一种。《打击恐怖主义指令》正是以该条约规定为依据，该条约的规定对于欧盟反恐刑法的范围、内容和程序都有重要的影响。

就程序而言，《打击恐怖主义指令》是根据欧盟委员会的提议通过的，考虑了欧洲经济和社会委员会的意见，立法草案还转交给各国议会。欧洲议会和理事会以普通程序通过了该指令。按照这个程序，欧洲议会对该指令产生了很大的影响，不仅对草案进行了修改，各国议会还审议了提案。就实施范围而言，《欧洲联盟条约》和《欧盟运行条约》关于自由、安全和司法领域的规定原则上对英国、爱尔兰和丹麦没有法律拘束力，他们可以自己决定是否受该领域的欧盟立法约束。但是对于《打击恐怖主义指令》，这些国家的决定是不接受更新的欧盟反恐刑法。因此，该指令只对 25 个成员国具有法律拘束力，爱尔兰和丹麦会继续遵守原《打击恐怖主义框架决定》。实践中各国标准的不一致会影响该指令的实施效果。就内容范围而言，根据上文论述的《欧盟运行条约》第83条，欧盟有权采取的措施仅包括有关刑事犯罪和制裁定义的最低限度规则。因此，从《打击恐怖主义框架决定》到《打击恐怖主义指令》，虽然立法的效力确实是增强了，但是反恐刑法依然采取的是最低协调原则，主要条款的涉及范围依然集中于恐怖主义犯罪的定义、与恐怖组织有关的犯罪和恐怖主义活动有关的犯罪、制裁、管辖权与起诉、调查工具，针对在线公开挑衅行为的措施、对基本权利和自由的规定以及对受害者的保护。当然，该指令规定的是最低标准，成员国可以在本国刑法或是反恐特别立法中规定更严格的要求。

（二）增加犯罪行为数量

《打击恐怖主义指令》包括6个部分31条，其核心条款包括协调恐怖主义犯罪的定义和对自然人的制裁（第2条至16条），对法人的责任和处罚（第17条和18条），第19条规定了犯罪的管辖权和起诉的规则。

第3条对恐怖主义犯罪做出了规定。指令采取陈述行动背景、行动目的和具体行为的模式给恐怖主义下定义。按照指令的规定，恐怖主义行为的客观要素是"严重损害一个国家或国际组织"，主观要素是"严重恐吓民众，或过度强迫政府或国际组织履行或放弃执行任何行为，或严重破坏或破坏一个国家或国际组织基本的政治、宪法、经济或社会结构"，随后列出成员国需要视为恐怖主义犯罪的行为清单。这个立法模式与原框架决定并无区别，但是犯罪行为的范围拓展了。第3条第1款第（f）项在具体行为中增加了制造、拥有、获取、运输、供应或使用爆炸物或武器，包括化学、生物、放射性或核武器，以及研究和开发化学、生物、放射性或核武器。而且，指令还在第3条第1款（i）项中增加了欧洲议会和理事会关于信息系统攻击的2013/40/EU指令①中规定的非法系统干扰和非法数据干扰，将通过网络或是社交媒体从事的恐怖主义活动和恐怖主义相关活动包括在内。这两项变化体现出欧盟对于技术进步与恐怖主义活动之间的联系有所考虑。但从消极的方面来看，指令的相关措辞依然是原则性的，十分笼统。在恐怖主义犯罪的定义中使用了不明确的措辞，无论是体现犯罪后果的客观因素方面，还是反映主观意图的恐怖主义目的方面。成员国根据其国家法律指控的清单的规定也十分笼统。因此，很难预见成员国在实践中如何解释定义中的一些反映程度的词汇，例如"严重破坏或毁灭"，"大规模破坏"或"重大经济损失"。其实，这个问题在《打击恐怖主义框架决定》及其修正案中就存在，但欧盟并没有在指令中对原框架决定模糊的定义方式做出改变，原反恐刑法需要解决的缺陷依然存在。

（三）扩大预备行为范围

指令中与恐怖主义活动有关的犯罪包括第5条公开挑衅实施恐怖主义犯罪，第6条恐怖主义招募，第7条提供恐怖主义培训，第8条接受恐怖主义培训，第9条为恐怖主义目的旅行，第10条组织或以其他方式促进为恐怖主义目的旅行，第11条资助恐怖主义和第12条与恐怖主义活动有关的其他罪行。因此，与原框架决定及其修正案相比，指令中与恐怖主义活动有关的犯罪清单进一步扩大，已经涵盖筹备性质的进一步活动，例如接受恐怖主义培训、组织或以其他方式促进为恐怖主义目的的旅行等。

这些新规定主要基于外国恐怖主义战斗人员旅行领域的国际标准，即联合国安理会第2178（2014）号决议的相关规定。因此，

---

① Directive 2013/40/EU of the European Parliament and of the Council of 12 August 2013 on attacks against information systems and replacing Council Framework Decision 2005/222/JhA, 2013 OJ L 218.

指令第9条和第10条要求成员国确保任何为组织或便利恐怖主义目的旅行的行动，在故意实施时可以作为刑事犯罪予以惩罚。但是，这种规定的重点在于其目的，必须在能够证明该旅行的目的是促成或参与恐怖主义活动，或提供或接受恐怖主义培训，才应将前往另一个国家的行为定为刑事犯罪。第8条对接受恐怖主义培训的规定也值得注意，该条款显然旨在捕获那些可能通过网络或是其他方式获取可用材料进行学习和训练的人。[①]这些活动应该针对恐怖主义目的并打算实施恐怖主义罪行。关于第11条资助恐怖主义应用的范围非常广泛，指令序言第14段规定：刑事定罪不仅应包括资助恐怖主义行为，还应包括为恐怖主义集团提供资金，以及与恐怖主义活动有关的其他犯罪，例如招募和培训，或为恐怖主义目的旅行，以便扰乱促进恐怖主义犯罪的支持结构。指令要求成员国应采取措施，扩大对这一犯罪的刑事定罪范围。这就明显扩大了欧盟反恐刑法的适用范围，将许多处于预备阶段或是相关的行为全部包括在内。

（四）严格应对辅助行为

该指令还扩大了第14条"辅助和教唆，煽动和尝试"这些辅助行为的范围，将其包括更广泛的犯罪行为。第14条第1款规定，针对第3条至第8条，第11条和第12条所述的犯罪行为的协助和教唆都应该受到惩罚，只有为恐怖主义目的旅行和组织或以其他方式促进为恐怖主义目的旅行才被排除在该款范围之外。第14条第2款将煽动犯罪的刑事定罪扩大到第3条至12条所述的所有犯罪行为。第14条第3款将企图犯罪的行为扩大到所有罪行，包括为

---

① C.C. Murphy, "The Draft EU Directive on Combating Terrorism: Much Ado about What?" http://eulawanalysis.blogspot.com/2016/01/the-draft-eu-directive-on-combating.html.

恐怖主义目的出国旅行和资助恐怖主义，但接受培训和组织或以其他方式促进出国旅行除外。第14条规定的行为是辅助行为，指令扩大辅助行为的适用范围，将预备行为的辅助和附属活动包括在内，意味着认为这些行为应该以与恐怖主义犯罪相同的方式对待。按照指令建立的规则模式，欧盟反恐刑法的范围大大拓展了。

（五）加强保护受害者权益

指令第24条至26条对恐怖主义受害者的权利和应该获得的保护和支持做出了规定。这些规定系参考了欧洲议会和理事会2012年10月25日制定，取代理事会框架决定2001/220/JHA的《关于犯罪受害者权利，支持和保护的最低标准的指令》[①]（2012/29/EU），确立了恐怖主义受害者权利、支援和保护的最低标准。《打击恐怖主义指令》关于恐怖主义受害者的规定不仅包括对受害者的保护，还包括支持服务及其在跨境情况下的权利。从这个角度来说，指令对受害者的保护规定还对《关于犯罪受害者权利，支持和保护的最低标准的指令》做了补充。

按照《打击恐怖主义指令》序言第27段，恐怖主义受害者是《关于犯罪受害者权利，支持和保护的最低标准的指令》第2条规定的，由恐怖主义犯罪造成身体、精神或情感伤害或经济损失的自然人，或因恐怖主义犯罪直接导致受害者死亡而受到伤害的家属。根据该条款的规定，幸存的恐怖主义受害者的家庭成员可以根据该指令获得受害者支援服务和保护措施。对于这一规定，欧盟委员会明确指出，在指令中规定恐怖主义受害者定义的附加价值在于提醒和澄清

---

① Directive 2012/29/EU of the European Parliament and of the Council of 25 October 2012 establishing minimum standards on the rights, support and protection of victims of crime, and replacing Council Framework Decision 2001/220/JHA, OJ L 315, 14.11.2012.

因恐怖主义犯罪而死亡的受害者家属的地位。因为恐怖主义犯罪经常造成伤亡，所以必须澄清那些由此类犯罪直接导致受害者死亡而受到伤害的家属的身份，并且使这些受害者家属与受害者同化，享有相同的权利。①

指令对援助和支持受害者做出了广泛规定。考虑到恐怖主义受害者的具体需求，这些援助包括情感和心理支持，提供有关法律、实践或财务事项的咨询和信息，并根据有关成员国的国家法律协助受害者索赔。此外，成员国应确保为恐怖主义受害者提供充分的医疗服务和法律援助。而且，保护措施还涵盖恐怖主义受害者的家庭成员。指令考虑到了受害者及其家人可能面临的危险，特别是他们可能受到的恐吓和报复，要求成员国警察或相关安全部门在必要的情况下提供特别保护，特别是在恐怖主义受害者是有关恐怖主义行为的刑事诉讼中重要证人的情况下。该指令还强调了保护这些人的尊严和人身安全的必要性。

总的来说，就修改目标、修改方式和修改重点可以看出，《打击恐怖主义指令》依然是《打击恐怖主义框架决定》具体规定的延续，大部分条款的内容与 2008 年框架决定修正案相符。它的革新之处在于扩大了恐怖主义犯罪，与恐怖主义集团有关的犯罪以及与恐怖主义活动有关的犯罪的定义，以便更全面地涵盖与外国恐怖主义战斗人员和资助恐怖主义有关的行为。可以将欧盟反恐刑法的修改视为其积极参与的打击恐怖主义有效多边主义的体现，以及为了遏制外国恐怖主义战斗人员现象所采取的刑法回应。值得注意的

---

① Opinion of the European Economic and Social Committee on the "Proposal for a directive of the European Parliament and of the Council on combating terrorism and replacing Council Framework Decision 2002/475/JHA on combating terrorism" [(COM(2015)] 625 final, p. 21.

是，该指令较之此前的框架决定对于受害者的保护更加重视，不但要求对受害者的援助考虑到他们的具体需要，而且要求保护其尊严和人身安全。考虑到现有的欧盟反恐政策框架的结构，《打击恐怖主义指令》可以让反恐刑法在实践中发挥更大的作用，因为在法院判例法规定的条件下，指令的规定将产生直接影响，其实施过程将由欧盟委员会和欧洲法院监督。[①]但是，指令没有规定制裁的标准，将制裁的选择留给了成员国。这种规定可能会导致不同成员国在刑事惩罚方面的差异，从而削弱欧盟内部对恐怖主义犯罪打击的一致性和有效性。

第三节　欧盟反恐刑法的预防性转向

从《打击恐怖主义框架决定》到《打击恐怖主义指令》，修改的部分并不多，但整体来看，追求安全目标使得反恐刑法的目的和原则发生了关键变化。欧盟反恐刑法的重点发生了转变：较之传统刑事合作更重视大规模监控，较之事后惩罚更重视事前预防，体现出明显的预防性转向。

一　从镇压到预防

近几年国际反恐立法对预防的重视和强调使欧盟反恐刑法的重点发生了改变。联合国安理会针对外国恐怖主义战斗人员的第2178号决议、2015年5月欧盟委员会通过的《预防恐怖主义公约》附加议定书和《金融行动工作队建议》（The Financial Action Task

---

① Justyna Maliszewska-Nienartowicz, "A New Chapter in the EU Counterterrorism Policy? The Main Changes Introduced by the Directive 2017/541 on Combating Terrorism", *Polish Yearbook of International Law*, Vol. 37, 2017, p.201.

Force Recommendations）中关于资助恐怖主义的内容 ① 对《打击恐怖主义指令》的内容产生了很大的影响。值得注意的是，安理会第2178 号决议强调，仅凭借军事力量、执法措施和情报行动无法击败恐怖主义，有必要消除有利于恐怖主义散播的环境、减少极端化演变为恐怖主义的风险 ② 来处理这个问题，体现了对预防的重视。欧盟在 2015 年 10 月 22 日签署的《防止恐怖主义公约附加议定书》也重申了第 2178 号决议中刑法规定的内容。《金融行动工作队建议》则旗帜鲜明地表达了对预防的重视。它强调，不仅是资助恐怖主义行为，对恐怖组织和恐怖分子的资助，即使与具体恐怖活动没有联系，也应该被定罪。③ 这种主张在《打击恐怖主义指令》中也得到了体现。欧盟委员会拟定《打击恐怖主义指令》时，不但有针对性地更新了欧盟恐怖主义犯罪的定义和范围，要求成员国惩罚与恐怖主义犯罪有关的预备行为，还将预防作为指令的目的，反映了欧盟反恐刑法的重心从传统的镇压向预防的转变。通过对比 2002 年《打击恐怖主义框架决定》和《打击恐怖主义指令》的相关规定，这种转变一目了然。

二 从实施行为到预备行为

欧盟反恐刑法预防性质的增强，表现为可惩罚的范围从实行行为向预备行为扩展。2002 年的《打击恐怖主义框架决定》的第 1

---

① European Commission, Fact Sheet, Implementing the European Agenda on Security – New Measures to Combat Terrorism and Illicit Trafficking of Firearms and Use of Explosives, 2015, p.1.

② 联合国安理会第 2178（2014）号决议，S/RES/2178（2014），第 6 页。

③ European Commission, Fact Sheet, Implementing the European Agenda on Security–New Measures to Combat Terrorism and Illicit Trafficking of Firearms and Use of Explosives, 2015, p.2.

条从三个方面给恐怖主义犯罪下了定义：第一，恐怖主义必须是有意图的行为，而且该行为可能会对国家或国际组织造成严重伤害；第二，上述行动发生的同时，也将造成平民的严重恐惧，或导致政府或国际组织的作为或不作为，或造成一个国家或国际组织的政治、宪法、经济或社会结构的不稳定或损害；第三，将恐怖主义行为按照损害对象、方式和后果的不同，分8类列举，包括造成人类死亡的攻击，对人类身体造成伤害的攻击，绑架或挟持人质，造成政府或公共设施或私人财产的损害，挟持飞机、船只、运输人员或货物的方法，使用武器、爆炸物及生化武器等。第2条将"指挥和参加"恐怖组织活动的行为定罪。后续条款则规定了与第1、2条活动有关的恐怖主义辅助犯罪。值得注意的是，自2002年《打击恐怖主义框架决定》出台之后，欧盟对恐怖主义犯罪本身的定义没有变化，变化之处在于逐渐增加了预备行为和辅助行为的种类。2008年的修正案增加了公开煽动要实施恐怖犯罪、恐怖主义招募和以实施恐怖犯罪为目的，为恐怖主义提供培训的行为。《打击恐怖主义指令》在第8条至10条增加了另一组：接受恐怖主义训练或是被招募，为恐怖主义目的前往国外，组织或是帮助为恐怖主义目的前往国外的行为。这意味着欧盟对恐怖主义的预备行为越来越警惕。这次指令针对的就是逐步极端化，意图参加恐怖组织，实施恐怖主义活动的外国恐怖主义战斗人员。

　　欧盟的外国恐怖主义战斗人员涉及的法律问题，可以按照所处区域不同分成三个种类：欧盟境外的外国恐怖主义战斗人员参加当地恐怖组织和恐怖主义活动，欧盟境外的外国恐怖主义战斗人员返回欧盟之内的原籍国或原住所地国，以及欧盟公民为恐怖主义目的前往欧盟境外。《欧盟打击恐怖主义指令》针对的是第三种，为恐怖主义目的接受训练或前往国外的行为。从性质来看，这种行为并非恐怖主义犯罪本身，而是与恐怖主义犯罪有关的行为；从行为的阶段性来看，虽有参加恐怖组织或实施恐怖主义行为的目的，但尚未实施恐怖主义犯罪，是预备行为[①]；从行为的危害性来看，还没有对法律权益产生实际损害。因此，预备行为的可惩罚性，体现的是欧盟对具有严重潜在危害性的行为事前介入，使成员国主管当局在实行行为之前采取措施，从而避免恐怖主义威胁发生的立法态度。

另外，欧盟对恐怖主义犯罪定义的更新，也使得辅助行为的适用范围逐渐拓宽了。在 2002 年的《打击恐怖主义框架决定》中，第4 条允许惩罚"挑衅、协助或教唆和尝试"第 1、2 条规定的具体犯罪的行为。《欧盟打击恐怖主义指令》第 14 条继承了这一条款，与恐怖主义犯罪有关的行为的增加，使"挑衅、辅助或教唆和尝试"能够向着更广泛的犯罪幅度适用。这显示出欧盟对预先行动越来越感兴趣。通过引入预备和辅助犯罪，成员国主管当局可以尽早进行干预，以便在恐怖主义袭击发生之前加以控制。然而，这种做法是存在法律问题的，因为恐怖主义犯罪的预备活动和辅助活动准备和附属活动是以更进一步的犯罪为目标的活动，具有不完整性，实施它们之后可能会也可能不会开展恐怖主义活动。逐步增加这类不完整形式恐怖主义犯罪的规定，惩罚缺乏具体实施行为的活动，让成员国主管当局能够尽可能多地捕获和惩罚恐怖主义犯罪有关嫌疑人员，是欧盟反恐法预防性转向的重要体现，预防成为反恐刑法的最高目标。

---

① EurActiv, "EU's new 'Directive on Terrorism' aims to criminalise preparatory acts", 3 December, 2015, http://www.euractiv.com/section/justice-home-affairs/news/eu-s-new-directive-on-terrorism-aims-to-criminalise-preparatory-acts/.

三 从客观行为到主观犯意

欧盟反恐刑法预防性质的增强，还表现为可罚标准的变化。2002 年《打击恐怖主义框架决定》的可罚性标准，是以恐怖主义活动的意图实施犯罪行为，既要求具有主观犯意，也要求具有客观行为。这一点在 2008 年被修改了，修改后的框架决定第 3 条第 3 款规定，对于指令第 3 条第 2 款中具有可罚性的犯罪，没有实际实行恐怖主义犯罪的必要，客观行为不再是恐怖主义犯罪可罚性的必要条件。欧盟《打击恐怖主义指令》的第 15 条延续了这一修改。以主观犯意作为可罚性标准，是刑法主观主义思想的表现，改变了传统上客观主义的主导地位，体现了欧盟反恐模式的转变。

如果将《打击恐怖主义指令》与欧盟 2016 年通过的《乘客姓名记录指令》的有关规定结合起来分析可以发现，在后巴黎—布鲁塞尔时期，欧盟采用的是通过大规模监控找出可疑行为，进行情报分析来识别危险人物，判断主观恶性；根据是否存在主观恶性来判断可罚性，采取刑罚措施的反恐模式。由于不需要客观行为作为可罚性标准，欧盟对恐怖主义的定罪和惩罚会建立在推测嫌疑人主观犯意的基础之上，而以情报为基础的推测是具有不确定性的，准确性也存在疑问。欧盟各成员国有转化指令的义务，实践中如果以此为标准采取刑事强制措施，一方面，会扩大执法和司法机关的权力，极大地增强刑罚权对社会生活的干预。另一方面，会动摇传统刑法的证据规则。这种标准体现的是有罪推定的思想，举证责任被倒置了，被怀疑的人要脱罪必须自证清白。强调嫌疑人的主观危害性，仅以主观犯意作为可罚性标准,会使无害行为成为刑法惩罚的对象。这种发展趋势会加强反恐法的社会保护功能，但明显减少了对个体权利和自由的保护。

强烈的安全诉求动摇了欧盟反恐刑法的目标和原则，导致反恐刑法整体的预防性转向。较之传统刑法的经验主义和对事后惩治的重视,当前欧盟反恐刑法更重视现在和未来的安全,逐步加入超前性内容。预备犯的逐步增加,可罚性范围的拓宽,体现出欧盟对于恐怖主义犯罪的严厉态度。值得注意的是,刑法的性质是最后法,其严厉的惩罚性针对的是最严重的、其他法律所无法有效约束的犯罪。为实现安全目标,刑法和刑罚权的大规模扩张和对社会生活的深度介入,对人权和基本自由会产生怎样的影响,值得思考。

第四节　欧盟反恐法预防性转向的正当性与规制

在后巴黎—布鲁塞尔时期,欧盟反恐法的预防性转向越发明显。从针对已经造成的损害采取惩罚措施,转向对未来可能发生的风险采取预防措施;从传统刑事合作,转向发展大规模监控和分析功能更强的情报系统;从接受某种程度的恐怖主义风险,转向无法接受任何恐怖主义风险。追求安全的预防性转向招致了批评,《欧盟打击恐怖主义指令》被指责为最糟糕的反恐和监督法,[①] 为了追求安全而损害了欧盟的基本价值。[②] 但是,从恐怖主义的演变和刑法的功能来看,这种转向是有现实基础的,不能因为反恐刑法发生变化就贸然否认预防性转向的正当性。

一　欧盟反恐法预防性转向的正当性

(一)恐怖主义威胁的演进导致欧盟反恐法预防性转向

恐怖主义对区域安全的威胁是欧盟反恐法产生和发展的直接

---

① La Quadrature Du Net, "Directive on Terrorism: The EU on a Security and Post-Democratic Drift", 5 July, 2016, http://www.laquadrature.net/en/terrorism-directive-LIBE.

② La Quadrature Du Net, "Directive on Terrorism: The EU on a Security and Post-Democratic Drift", 5 July, 2016, http://www.laquadrature.net/en/terrorism-directive-LIBE.

原因，威胁的严重程度、紧迫性、犯罪方法的演变对欧盟反恐法的规定和重点具有决定性影响。欧盟反恐法每一次重要的更新都是被严重的恐怖袭击所推动的。恐怖主义威胁越紧迫，欧盟反恐法的范围就越宽泛，惩罚越严格，并随着恐怖主义威胁方式的演变调整重点。因此，当2015—2016年恐怖主义袭击频发时，欧盟深感现有的反恐法和反恐刑事合作机制需要再次更新。当前欧盟面临的恐怖主义威胁，最突出的特点是其隐蔽性。虽然像"9·11事件"那种规模的恐怖袭击不大可能再发生，但是随着信息技术的快速发展，恐怖主义的影响范围大幅度拓展，行动隐蔽性大为增强。规模稍小、但对公共安全产生严重损害、对民众心理造成恐吓效应的恐怖袭击，呈现出越来越频繁、越来越难以防范的趋势。因此，预防成为后巴黎—布鲁塞尔时期欧盟反恐的首要目标，为识别潜在威胁，提前刑法介入时间和扩大监控范围成为欧盟选择的预防手段。

（二）政治压力推动欧盟反恐法预防性转向

政治压力是推动欧盟反恐法预防性转向的重要原因。虽然反恐有关的刑事合作与情报交流一直是成员国主权范围内的事项，欧盟起辅助作用，但欧盟一直关注安全问题，并对此负有一定责任。一方面，欧盟作为一个承诺内部自由迁徙的一体化国际组织，有必要对恐怖主义这种严重的跨境安全威胁进行协调一致的回应。恐怖主义威胁具有跨国性质，仅凭各国自己的力量无法有效遏制。发生在一个国家内部的风险，可能会影响其他国家，巴黎—布鲁塞尔恐怖袭击的组织和人员构成也充分证明了这一点。这也是欧盟发展反恐刑法和反恐刑事合作机制的原因之一，要防止欧盟内部跨国恐怖主义活动的传染。成员国在恐怖主义袭击后也为欧盟反恐法的发展提供了政治动力，使新的立法在短时间内迅速通过。另一方面，欧盟作为一个重视保护人权和基本自由的国际组织，有责任保护平民对安全的追求和生存的权利，使其不受恐怖主义犯罪的损害。当前欧盟遭受的恐怖袭击多表现为公共场所无差别大规模的屠杀，造成欧盟公民生命财产的损失和严重的精神恐吓与冲击。因此，社会大众对欧盟的安全保障功能有更多的期待。维护欧盟安全和秩序的政治压力，使反恐成为欧盟的核心议题，加强反恐法的社会防卫功能成为欧盟实现安全目标的工具之一。但是，跨国恐怖主义活动的隐蔽性和复杂性，使得以针对性监控和事后惩罚为主的普通刑法手段难以有效预防和打击，必须动用更强大的力量才能应对，这推动欧盟反恐法向着越来越重视预防、越来越严格的方向发展。

（三）刑法自发调整实现欧盟反恐法预防性转向

预防性转向使欧盟反恐刑法的重要原则受到了冲击。这种趋势的出现，与恐怖主义犯罪的特征和刑罚的功能有关。欧盟反恐法发端于对"9·11事件"的回应，与美国不同的是，欧盟选择了刑法和刑事司法合作为主要反恐手段。协调成员国对恐怖主义的定罪和刑罚，推动区域内刑事执法和司法合作，是欧盟遏制恐怖主义犯罪最重要的方式。但是，面对恐怖主义犯罪，刑法体现出其局限性。对一般犯罪而言，刑罚在实现惩罚目标的时候还能落实预防目标。这主要体现在两个方面：特殊预防，就是通过刑罚的惩罚功能、威慑功能以及行刑过程中的矫正功能，对已然的犯罪人适用刑罚使其不再重新犯罪；一般预防，就是通过对刑罚的恐惧预防犯罪，即通过对已然的罪犯适用刑罚，威慑、警戒、防止可能走上犯罪道路的人犯罪，使他们有所畏惧、不敢以身试法。[1] 然而，刑罚作为最严厉的惩罚工具，在回应恐怖主义犯罪时难以达到充分震慑犯罪的效

---

① 黄良明：《论刑罚的威慑功能》，2007年2月8日，中国法院网（http://www.chinacourt.org/article/detail/2007/02/id/235039.shtml）。

果。一方面，事后惩罚功能对恐怖主义犯罪效果有限。在大规模恐怖袭击发生的情况下，少数人就能对社会秩序和不特定多数人的生命财产安全造成非常严重的损害。事后惩罚措施再严厉，都无法达到充分惩罚的效果。另一方面，刑法的预防功能对恐怖主义犯罪的心理威慑有限。恐怖主义犯罪构成要件的主观方面，既包括实施具体犯罪行为的故意，也包括实现恐怖主义目标的故意，而第二种故意的心理状态非常特殊。恐怖分子受到宗教极端主义思想武装，恐怖主义行为被"美化"，恐怖袭击者做好了为此付出生命和自由的心理准备。持有这种心理状态的，无论是恐怖主义罪犯还是准备走上恐怖主义犯罪道路的人，严厉的刑罚难以对其产生足够的心理威慑，让其放弃犯罪。既无法实现足够的惩罚，又无法让其放弃犯罪，重视事后惩罚的传统刑法面临功能困境。在这种情况下，预防恐怖主义犯罪发生，较之事后惩罚更能实现刑法的社会防卫目标。因此，预防性转向可以被理解为欧盟反恐刑法为实现安全目标做出的自发调整。在恐怖主义的威胁和民众的安全需求之下，预防性转向的发生有其必然性。

（四）科学技术的发展催化了欧盟反恐法预防性转向

预防犯罪的思想是伴随着警察职业的建立和逐渐发达，以及由技术进步所催生的风险管理科学的发展[①]而得以实现的。一方面，随着科学技术，特别是情报技术的不断发展，遏制犯罪的发生不再是天方夜谭。信息技术的发展改变了打击恐怖主义的方法和目标，拓宽了获取情报的途径和执法的范围。技术工具的升级使大规模监控和数据收集分析和识别潜在恐怖分子成为可能。另一方面，信息技术的发展也改变了恐怖主义，使其更具有隐蔽性、分散性，常规

---

① 何荣功：《"预防性"反恐刑事立法思考》，《中国法学》2016 年第 3 期。

刑事执法手段难以实现预防效果。恐怖组织在使用信息技术，特别是加密方面的发展，也让欧盟对技术更新保持了紧迫感，因为一旦恐怖组织掌握的技术超过了警察和其他有关机构的理解范围，安全威胁就会更加严重。而发生恐怖袭击是欧盟、成员国和欧盟公民都不愿意接受的。在具备技术可行性和现实必要性的前提下，不断更新预防技术，将威胁扼杀在萌芽状态不可避免地会成为欧盟反恐目标，在收集、分析和交流情报的基础上加强预防是欧盟反恐机制的必然发展之路，催化了欧盟反恐刑法向重视预防的方向发展。

二 欧盟反恐刑法预防性转向的规制

欧盟反恐刑法的预防性转向有其正当性和必然性。恐怖主义的不断演化和欧盟对安全的追求，逐渐影响了刑法的目标和原则；信息技术的快速发展，催化了执法重点和方法的变化。欧盟反恐法的预防性转向趋势与国际社会和成员国在反恐政策和立法的发展方向也是一致的。但是，刑法作为欧盟选择的反恐工具，其自身"最后法"和"保障法"的性质，决定了反恐刑法和刑事司法合作中引起争议的重刑倾向，刑罚权的大规模扩张和对基本自由的限制也并非空穴来风。因此，关键的问题在于对预防性转向的有效规制。

（一）预防性转向不能影响法律的根基

预防是一个抽象而范围广泛的概念，作为目标其范围可以无限扩展。在对预防性转向的程度和预防目标没有明确限制的情况下，会影响反恐刑法自身存在的基础。从欧盟反恐法的构成和职能来看，首当其冲的是作为主要反恐工具的刑法。刑法显然是欧盟实现区域安全、打击恐怖主义最重要的法律工具。而从欧盟反恐法中恐怖主义犯罪的定义和标准的演变来看，预防使欧盟反恐刑法承担了许多安全防卫责任。以社会安全为目标会对刑法产生深远的影响，刑法会逐渐成为一般性安全架构中的一部分，逐渐失去它在标准和原则上的"自我统一体"，从而将自己的关注点放在了将来而不是过去。[①]这正是欧盟反恐刑法预防性转向中发生的情况。这种趋势是非常危险的，因为刑法不是普通法律。一方面，刑法的强制力使其成为不愿意对恐怖主义采取军事打击行动的欧盟的反恐首选。但另一方面，具有"最后法"和"保障法"特质的刑法，如果更多体现其作为安全工具的一面，对刑法本身和社会安全都是危险的。这种倾向会导致掌握工具的公权力的无限扩展，带来另一种安全威胁。因此，预防不适合作为反恐刑法的最高目标，更适合作为辅助标准，在确保反恐法独立性的前提下起补充作用。而且，当注重事后惩罚的刑法面对恐怖主义威胁难以发挥其威慑性和预防作用的时候，如果预防的目标可以通过实现控制效果的其他法律或方法达到，或是能设计专门的机制，就可以避免发动刑法，更不需要动摇刑法的根基。

（二）预防性转向不能侵蚀刑法的重要原则

当前欧盟刑法的发展，使可罚性建立在对主观危害性的推测之上。这是为实现安全防卫功能，预防目标压过刑法客观主义原则的体现，这种趋势是非常危险的。缺乏实行行为，仅通过对主观危险性的推测来判断个人是否具有恐怖主义威胁性，给予刑罚处罚的可罚性标准太过危险。这种标准体现的是一种为避免恐怖主义发生，对尽可能多的嫌疑人采取控制措施的取向。不但缺乏可靠性和准确性，还极大地拓宽了成员国反恐事务主管当局，主要是执法和司法机关的权力和职权范围。一旦被成员国转化适用，会使得公权力拓

[①]　［德］汉斯·约格·阿尔布莱希特：《安全、犯罪预防与刑法》，赵书鸿译，《人民检察》2014年第16期。

展难以限制。预防恐怖主义犯罪发生是重要的，但不应该因此使得公权力膨胀到难以遏制的地步。而且，这种标准还影响了传统刑法的证据规则。对恐怖主义犯罪采取的措施应该建立在可靠的证据而不是主观推测之上。刑事执法与司法中的证据，不能用可靠性存在疑问的情报来代替。这种趋势或许对提高预防有积极作用，但会使反恐刑法向危险的方向发展。因此，应该以不影响刑法的重要原则和基本规则作为预防性转向的限度，预防必要性应该作为辅助标准，在采取强制措施时予以考虑。

（三）预防性转向不能影响人权保护

欧盟反恐法的预防性转向也有呼应欧盟公民的安全需求和保护其生命财产自由的作用。从这方面来说，预防性转向体现了对人权的保护。但是，从刑法和刑罚权的扩张以及大规模监控的适用来看，欧盟反恐刑法的预防性转向在加强社会防卫能力时，会导致对个体权利保护能力的减弱。一旦社会防卫成为刑法的主要目标，刑法的关注重心也必然会由保障个体转向保护社会，从惩罚犯行转向惩罚犯意甚至惩罚思想。[①] 对人权保护产生不利影响的这个过程还会伴随着公权力的膨胀，导致另一种不安全。因此，发展与预防性转向相适应的规制标准和机制，把握预防性转向的程度是很有必要的。

第五节　小结

面对"9·11事件"之后快速发展的国际恐怖主义威胁，有充分反恐经验的欧盟选择了与其跨大西洋反恐伙伴美国不一样的反恐模式。通过欧盟层面的刑事立法，给出恐怖主义的定义和犯罪有关

---

① 卢建平：《风险社会的刑事政策与刑法》，《法学论坛》2011年第4期。

规定，协调成员国的反恐刑法，推动欧盟层面和成员国之间的反恐刑事司法合作。随着恐怖主义威胁的演进，欧盟反恐刑法的规定不断升级，在调整的范围和惩罚的强度上逐渐提高。

在恐怖袭击频繁发生、外国恐怖主义战斗人员回流和发生难民危机的复杂安全环境中，欧盟把跨境个人移动与恐怖主义联系起来，将回应外国恐怖主义战斗人员问题作为反恐法的重点。《打击恐怖主义指令》的通过，反映了欧盟反恐法和反恐刑事合作的预防性转向。将《打击恐怖主义指令》与第五章论述的《乘客姓名记录指令》结合起来分析可以发现，欧盟采用的是通过大规模监控找出可疑行为，通过情报分析来识别危险人物，判断主观恶性；根据是否存在主观恶性来判断可罚性，采取刑罚措施的反恐模式。这种模式意味着欧盟反恐重点的转移。从对已经造成的损害采取惩罚措施，转向对未来可能发生的风险采取预防措施；从传统刑事合作，转向发展大规模监控和分析功能更强的情报系统。欧盟对恐怖主义的态度，也从接受某种程度的恐怖主义风险，转向无法接受任何恐怖主义风险。

反恐刑法是欧盟的安全治理工具之一。面对难以遏制的恐怖主义威胁，欧盟需要更强有力的反恐刑法。较之传统刑法的经验主义和对事后惩治的重视，当前欧盟反恐刑法更重视现在和未来的安全，逐步加入了超前内容。反恐刑法中新增加的预备犯，可罚性范围的拓宽，反映了欧盟对于恐怖主义犯罪的严厉态度，对安全目标的追求影响了刑法和刑事司法合作的目标和原则。按照传统刑法，无论是惩罚还是预防，应该只针对那些有证据确信他们已经或将要犯罪的个人或组织。然而，更新后的欧盟反恐刑法带来的刑法和刑罚权的大规模扩张和对社会生活的深度介入并未建立在确凿的证据之上。值得注意的是，欧盟反恐刑法的预防性转向也有现实基础，是由演进的恐怖主义威胁、欧盟回应恐怖主义的方式、刑法的功能特点和反恐技术的发展共同影响的结果，不能贸然否认其正当性。因此，需要警惕的是缺乏限制的预防和预防目标的过于膨胀。预防更适合作为辅助标准，针对欧盟反恐法的局限性起补充作用。有必要对这种趋势进行有效规制，维护法律的根基和基本原则，在不侵害基本人权保障的基础上，实现安全目标。

第三章　欧盟反恐融资法

遏制恐怖主义融资已经成为全球反恐的重要构成部分，也是欧盟反恐的关键要素，这在 2008 年欧盟修订的《恐怖主义融资战略》中能得到充分体现。由于恐怖主义使用资金的特殊性，防止恐怖分子获得资金支持不是容易实现的目标。欧盟制定了一项旨在打击洗钱活动的影响深远的法律制度，将恐怖主义融资定为刑事犯罪，建立负责接收和分析私营部门报告的金融情报单位，从金融情报中获取恐怖主义融资信息，从而采取反恐行动。本章分析欧盟反恐融资法的发展，重点考察反恐融资法的性质和特点，欧盟是否通过反恐融资法实现了目标，以及反恐融资法对欧盟法治的影响。笔者认为，欧盟的反恐融资法日益体现出侵入性的金融监督模式，以便预先制止任何试图资助政治暴力的企图。这种预先性防卫的特点，对欧盟的法治基础和人权保护产生了深刻的影响。

第一节　打击恐怖主义融资的必要性

对欧盟来说，非法资金的大量流动不但威胁金融体系的稳定与信誉，更威胁欧洲内部市场的正常运行。欧盟在国际政治与经济领域占有重要地位，能否对国际恐怖主义融资做出有效回应，对国际社会是否能有效打击恐怖主义融资活动，遏制恐怖组织的发展也有重要影响。

一 恐怖主义的融资途径

欧洲恐怖主义活动的最新趋势表明，恐怖组织已经从大规模的恐怖袭击转向具有重大影响但资金支持相对不多、恐怖袭击组织时间很短的攻击模式。较之 18 年前的"9·11 事件"，最近在欧洲发生的大规模恐怖袭击耗费资金相对较少：2015 年 11 月的巴黎恐怖袭击估计最多花费 20000 欧元①，2016 年和 2017 年在尼斯和伦敦使用车辆撞击碾压人群进行的恐怖袭击所需的资金更少。恐怖袭击战术的根本转变解释了为什么现在恐怖主义融资都是由合法来源或较轻的犯罪提供资金。恐怖袭击"门槛"的降低和方法的多样性，导致融资更为隐蔽和容易获取，这使欧洲近期的恐怖主义融资活动非常普遍。虽然"伊斯兰国"已经失去占领的土地，但考虑到恐怖融资活动的跨国性、该组织前几年的活动特点与现在持续的影响力、欧盟境内外国恐怖主义战斗人员与"伊斯兰国"的联系，在分析欧盟反恐融资问题的时候依然应当将"伊斯兰国"的收入来源作为考虑标准。

（一）所占土地的非法收益

曾经，"伊斯兰国"的自筹资金主要依据的是石油走私和非法征税，这方面获得的收入最多。然而，随着"伊斯兰国"占领土地的流失导致这方面的收益受到了很大影响。有分析认为，"伊斯兰国"的收入已从 2015 年的每月 8100 万美元降至 2017 年的每月 1600 万

---

① EU-Logos, "New tactics require new strategies: how can the European Union strengthen the fight against terrorism financing?" 4 April, 2018, https://eulogos.blogactiv. eu/2018/04/04/new-tactics-require-new-strategies-how- EU-Logoscan-the-european-union-strengthen-the-fight-against-terrorism-financing/.

美元。^①主要是由于全球打击"伊斯兰国"的军事行动已经摧毁了近 3000 个与石油开采、精炼和销售有关的据点。随着该组织失去所占土地，恐怖组织和恐怖分子会更加重视从其他渠道获得资金来维护组织开销和开展恐怖活动。

（二）绑架勒索赎金

由于支付赎金的秘密性，很难评估活跃时期"伊斯兰国"通过绑架勒索赎金所赚取的金额。美国财政部估计，2015 年经此途径获得的收入仅为 2000 万美元至 4500 万美元。^②"伊斯兰国"绑架了数百人，从当地的伊拉克人和叙利亚人到该地区的西方人和东亚人。没有支付赎金的人质被残酷地杀害，他们的遇害信息还被"伊斯兰国"通过各种通信渠道，包括社交媒体作为政治宣传向外界发布。

（三）非正式的金融管道

国际恐怖组织通常以哈瓦拉（hawala）等非正式银行系统作为恐怖活动资金流动的方式。这个交易体系比其他正式金融体系更快捷便利，相较于正式机构，哈瓦拉拥有较好的汇率与较低的手续费，可以将资金经由其他管道汇到不同的账户，而且能保证资金交易后不会留下任何书面记录，因此成为恐怖组织倾向于使用的系统。

（四）境外金融中心

境外金融中心能保护顾客隐私，这就为不法分子逃税漏税提供

---

① IHS Markit, "Islamic State Territory Down 60 Percent and Revenue Down 80 Percent on Caliphate's Third Anniversary, IHS Markit Says", 29 June, 2017, https://news.ihsmarkit.com/press-release/aerospace-defense-security/islamic-state-territory-down-60-percent-and-revenue-down-80.

② Jose Pagliery, " Inside the \$2 billion ISIS war machine", 11 December, 2015, https://money.cnn.com/2015/12/06/news/isis-funding/index.html.

了可能性。境外金融中心最大的吸引力，是为顾客提供极高度隐秘的个人账户，已经成为全球犯罪分子资金躲藏的最佳处所，恐怖分子和恐怖组织也不例外。此外，部分境外金融中心不遵守国际金融规范，这对国际金融体系的稳定和运行造成了损害。

（五）捐赠

外部捐款仅占"伊斯兰国"收入来源的一小部分。但是，监测资金来源很重要，能够帮助发现恐怖主义网络中隐藏着的关键人物并掌握组织结构和内部联系，从而攻破整个恐怖组织。资金支持也可能来自慈善组织的基金。例如，意大利北部的一个组织在叙利亚推广慈善活动的同时，无意中被用来转移与恐怖主义活动有关的资金。[①] 在"伊斯兰国"大范围失地、恐怖分子四散回流的大趋势下，追踪捐赠资金的来源和去向，对遏制恐怖主义威胁十分重要。

二　资金的需求

恐怖组织对于资金的需求主要分为两大部分：恐怖组织基地设施的维护及执行恐怖袭击所需的费用。其中，维系恐怖组织运作的费用远高于实际执行恐怖袭击所花费的资金。资金的需求亦可分为以下四大类：1. 活动准备。准备执行攻击行动前每天生活所需。2. 特殊技能训练。特殊技能如飞行、爆炸、网络黑客等相关专业能力，有的时候还需要到其他国家专门学习，才能掌握执行袭击所需要的技术和能力。3. 武器采购。武器与弹药和其他作为袭击工具的装备，需要资金来购买装备。为达到隐藏资金痕迹的效果，必须花费更多附加成本，进行各项管道疏通与运送。4. 旅

---

① FATF, "Financing of the terrorist organisation Islamic State in Iraq and the Levant (ISIL)", 2015, p.19, http://www.fatf-gafi.org/media/fatf/documents/reports/Financing-of-the-terrorist-organisation-ISIL.pdf.

行及通信支出。恐怖组织为保持行动的隐秘与安全，信息传递也需要一定费用。为了避免被追踪，一次性手机是恐怖分子集团作战保持联络时最青睐的通信工具之一。2015 年的巴黎恐怖袭击中的恐怖分子，就是用一次性手机作为联络工具，与当时处于另一国负责指挥的同组恐怖分子保持联络的。这也是恐怖分子和恐怖组织重要的支出类型。

三　打击恐怖融资的可行性

（一）数据收集和分析能力的增强

随着超级计算机的出现和发展，计算机存储和分析大量数据的能力显著提高。在智能技术的帮助下，以情报为主导，通过与私营机构合作，收集和分析大量个人信息的打击恐怖主义融资的方法被认为是一种积极的、预防性的反恐形式。"9·11 事件"之后，了解和预防未来的行为是反恐战争的核心假设之一。美国前总统布什、政府机构代表和某些学者认为，如果有效地将相关数据库中保存的个人数据联系到一起，并正确进行综合分析，就能够防止恐怖袭击的发生。这种反恐理念也对欧盟反恐立法产生了显著影响，特别是在金融交易数据的使用上。

破坏、制止和摧毁恐怖主义融资网络一直是欧盟反恐政策的关键要素。在"9·11 事件"发生后，欧盟立即制订了《打击恐怖主义行动计划》，打击恐怖主义融资是其"核心组成部分"之一。《打击恐怖主义框架决定》也将与恐怖活动有关的某些罪行定为刑事犯罪，其中包括资助恐怖主义。欧洲政治精英、政策制定者和执法人员反复强调资金对恐怖组织生存和恐怖主义活动的重要性。前任欧盟反恐协调员也表示"恐怖分子需要资金来准备和实施恐怖袭击"。"9·11 事件"劫机者需要资金用于旅行、飞行训练和支付生活费用。

2005 年伦敦袭击事件的肇事者购买了炸弹制造设备、支付租金、租车并在英国旅行以准备他们的行动。2015—2016 年巴黎—布鲁塞尔连环恐怖袭击的肇事者也需要经费来支付一次性手机、住宿和购买生活必需用品。这些事实经常用来证明打击恐怖主义融资的重要性。

（二）防止资金流动的反恐有效性受到肯定

除了观察到资金对恐怖分子至关重要外，以美国为代表的反恐观念还认为，将资金流动作为观察目标是预防国际恐怖主义的有效工具。国际社会普遍认为国际恐怖分子的行为具有隐匿性、流动性大，难以有效追踪，但是他们的金融交易可能会在实施恐怖主义行动之前揭露其身份和地点。此外，金融交易有可能揭示恐怖分子与谁在经济上有联系。金融调查人员认为，通过追踪资金链条能够找到资助恐怖主义的人员、恐怖分子和恐怖组织的活动轨迹，从而瓦解整个恐怖主义网络。而且，与其他形式的情报相比，财务信息显得更为可靠，对资金流量和银行数据的调查被认为是跟踪恐怖嫌疑人的有力工具。

恐怖组织取得非法资金后，必须转换成实质的购买力，也就是用于消费、储蓄与投资。而此转换的过程中，最重要的手段是洗钱。欧洲近年频发的恐怖袭击事件再度凸显欧洲安全的脆弱性。欧盟本土恐怖分子的活跃，以及本土恐怖分子与国际恐怖组织之间的联系让欧盟十分重视，再次更新反恐融资法成为欧盟反恐法发展的重要方面。

第二节　欧盟反恐融资法的国际法基础

一　后 9·11 时代恐怖主义威胁对反恐融资法的影响

第一，国际恐怖主义威胁加速了遏制恐怖主义融资的国际立法进程。联合国、欧洲委员会和金融行动特别工作组在 2001 年 9 月 11 日的攻击之前已经开始处理恐怖主义问题，特别是通过《制止恐怖主义融资公约》。2001 年 9 月 11 日的袭击加速了这三个国际层面的打击恐怖主义融资活动。这在批准《制止恐怖主义融资公约》于 2001 年成为国际优先事项方面能得到充分体现。因此，与其他反恐怖主义政策一样，大规模恐怖袭击的出现加速了反恐融资立法的发展。

第二，国际恐怖主义威胁促成了反洗钱和反恐融资议题的合并。值得注意的是，这种合并尽管表面上具有合理性，但实际上却不一定符合逻辑。因为，反洗钱规则源自打击有组织犯罪。有组织犯罪洗钱的目标是从犯罪中获得大笔资金。但打击恐怖主义融资不同。恐怖主义融资关注的是用于恐怖组织日常运营和实施恐怖主义活动的少量资金，而不是利润驱动的大规模资金。而且，许多暴力恐怖主义袭击可以在低预算下进行。不过，无论反洗钱和反恐融资的一致性如何，它们在可预见的未来似乎不可能脱钩。包含这两者在内的反洗钱立法体系甚至可能发展为规模更大的领域。不仅包括恐怖主义融资和有组织犯罪，而且还可能包括涉及大规模毁灭性武器、毒品贩卖和人口贩运的融资活动。这种发展趋势要求监管机构的预防逻辑对此有所准备，因为"打击恐怖主义融资行为的前提是不同的风险感知概念"[1]。考虑到当前反恐融资的资金来源和流转模式，在这种基于风险的反恐融资模式下，所有金融交易都有可能成为被怀疑的对象，因为恐怖主义能够得到合法资金和非法资金的支持。立法前提的转变也标志着预防和预先性防卫之间的区别：前者基于有针对性的证据，而后者依赖于广泛的怀疑。

---

[1]　Mark Pieth, "Criminalizing the Financing of Terrorism, Journal of International Criminal Justice", *Journal of International Criminal Justice*, Vol.4, Issue 5, 2006, p.1083.

二 联合国反恐融资相关条约

联合国是通过 1988 年《禁止非法贩运麻醉药品和精神药物公约》（以下简称《联合国毒品公约》）首次对洗钱行为制定国际规则的。该公约的目标之一是"剥夺从事非法活动的人从他们的犯罪活动中获取的收益，从而消除他们这样做的主要动机"。[①] 该公约规定了一些与贩卖麻醉品及相关犯罪的洗钱收益有关的犯罪。联合国相关机构在监管方面发挥了作用。

自 2001 年 9 月 11 日以来，联合国安理会及其相关机构主导了联合国反恐工作。负责反恐融资相关事务的两个主要机构是打击恐怖主义委员会和管理联合国有针对性的资产冻结制裁制度而设立的 1267 委员会。反恐怖主义委员会监督 1999 年《制止向恐怖主义提供融资的国际公约》（以下简称《制止恐怖主义融资公约》）的执行情况。前联合国秘书长科菲·安南将其描述为"打击恐怖主义全球努力的中心" [②]。除了监测遵守联合国安理会第 1373 号决议的情况外，反恐怖主义委员会还向执行该公约的国家提供技术援助。

《制止恐怖主义融资公约》第 2 条将恐怖主义融资定义为，为了向联合国打击恐怖主义的公约 [③] 中的犯罪，或者任何其他符合恐

---

① UN, UN Convention against Illicit Traffic in Narcotic Drugs and Psychotropic Substances, 1988, Preamble.

② Kofi Annan, Statement At Ministerial Level Meeting of the UN Security Council.

③ Convention for the Suppression of Unlawful Seizure of Aircraft 1970; Convention for the Suppression of Unlawful Acts against the Safety of Civil Aviation 1971; Convention on the Prevention and Punishment of Crimes against Internationally Protected Persons, including Diplomatic Agents 1973; International Convention against the Taking of Hostages 1979; Convention on the Physical Protection of Nuclear Material 1980; Protocol for the Suppression of Unlawful Acts of Violence at Airports Serving International Civil Aviation 1988; Convention for the Suppression of Unlawful Acts against the Safety of Maritime Navigation 1988; Protocol for the Suppression of Unlawful Acts against the Safety of Fixed Platforms located on the Continental Shelf 1988; International Convention for the Suppression of Terrorist Bombings 1997.

怖主义具体定义的活动提供或收集资金的行为。该定义与欧盟在《打击恐怖主义指令》中对恐怖主义的定义，在措辞上有重叠，但不是完全相同。因此，欧盟成员国负有两套义务要履行，该领域的规则并不是很清晰。

《制止恐怖主义融资公约》对恐怖主义的定义也相当广泛。不需要实际的恐怖主义行动就能触发恐怖主义融资犯罪。该公约第5条第2款规定，除了直接的恐怖主义资助外，组织或指挥他人，或作为资助恐怖主义的共犯也是犯罪。该公约第18条还要求国际合作，要求各国制定必要的国内立法以确保预防和定罪。在2001年9月11日恐怖袭击发生之前，《制止恐怖主义融资公约》只有4个国家批准。但在恐怖袭击发生后很短时期内就发展到167个缔约国，后于2002年4月生效。有人将该公约描述为"具有预防潜力，要在金融为恐怖主义暴力准备成熟之前予以惩罚"。[①] 这种特点从该公约对预防犯罪、客户识别和监督要求的广泛性，以及经常提到预防、镇压和消除恐怖主义方面可以得到明确体现。

除《制止恐怖主义融资公约》外，联合国安理会的若干决议与反洗钱和打击恐怖主义融资有关。特别是2001年9月28日通过的联合国安理会第1373号决议，要求将恐怖主义融资定为刑事犯罪。该决议第3条强调国际合作，呼吁各国加入《制止恐怖主义融资公约》，并充分执行以往的决议。联合国安理会利用《联合国宪章》第7章的决议加强这一领域的现行国际法规则。《制止恐怖主义融资公约》是在美国宣布"反恐战争"两年之前通过的，广泛的预防规则证明了这种打击恐怖主义融资方法的意图所在。

---

① S. Ramage, "2008 Amendments of the Proceeds of Crime Act 2002 and Other Legislation that Combats Terrorist Financing", *Criminal Lawyer*, 2008, pp.1–2.

三 欧洲委员会反恐融资规定

从历史上看，欧洲委员会比欧盟在反洗钱和反恐融资领域更为活跃。早在 1980 年，欧洲委员会就对"在许多欧洲国家越来越频繁的扣押和绑架事件"表示了关注，指出国际洗钱可能导致严重问题，认为洗钱行为对进一步的犯罪行为有促进作用，从而导致这种现象在国内和国际上蔓延。[①] 该建议书呼吁在银行业中进行更多的客户检查，并加强国际反洗钱合作。

欧洲委员会于 1990 年通过了《关于洗钱，搜查，扣押和没收犯罪收益的公约》，即《反洗钱公约》。它要求各国设立"洗钱罪"，对此类犯罪进行调查，没收犯罪所得，并开展国际合作打击洗钱行为。[②] 该公约的解释性报告明确指出，它主要针对洗钱行为，因为它涉及有组织犯罪，特别是毒品贩运，报告还明确提到《联合国毒品公约》。但是，报告没有讨论洗钱和恐怖主义之间可能存在的联系。《反洗钱公约》于 1993 年生效。在 2001 年 9 月 11 日之前，有 36 个国家批准了"公约"，到 2004 年年底达到 48 个国家。

2005 年，欧洲委员会通过了一项新的《反洗钱公约》。该公约的解释性报告指出了新公约的三个主要动力：第一，需要提供预防措施；第二，新的反洗钱制度的发展，特别是在反恐融资方面的发展；第三，希望使欧洲委员会规则符合国际公认的标准。[③] 欧洲

[①] Committee of Ministers, Recommendation No. R(80) 10 of the Committee of Ministers to Member States on Measures Against the Transfer and the Safekeeping of Funds of Criminal Origin.

[②] Council of Europe, Convention on Laundering, Search, Seizure and Confiscation of the Proceeds from Crime 1990.

[③] Council of Europe, Explanatory Report to the Convention on the Laundering, Search, Seizure and Confiscation of the Proceeds from Crime and on the Financing of Terrorism 2005, p.15.

委员会 2005 年《反洗钱公约》和解释报告都明确提到了欧盟法律的发展，金融行动特别工作组日益增长的影响力，欧洲和海外国家的金融情报单位。[①] 该公约序言还援引《制止恐怖主义融资公约》和联合国安理会第 1373 号决议。该公约的执行规定显然受到联合国和欧盟措施的广泛影响。

正如 2005 年《反洗钱公约》提及欧盟反洗钱立法一样，欧盟相关立法也提到了欧洲委员会有关公约。欧盟还采取了一些措施来改善欧洲委员会公约义务的执行。但是，欧洲委员会没有和欧盟一样采取同样的措施。欧洲委员会公约通过提及联合国《制止恐怖主义融资公约》来界定恐怖主义融资的概念并以此为基础制定相关条文内容，这与欧盟反恐融资立法形成鲜明对照。欧盟在重点参考多边和区域国际立法的规定后，对恐怖主义做出定义。因此，在欧洲内部有两个范围重叠的打击恐怖主义融资的法律制度，其运作的基础，即对恐怖主义的定义是有区别的，这给欧洲国家反恐融资法律实践造成了复杂局面。

四　金融行动特别工作组的标准

金融行动特别工作组是在 "1987 年七国集团首脑会议" 之后成立的，它被称为反洗钱和反恐融资立法领域的 "首要国际机构"。[②] 欧盟是金融行动特别工作组积极的参与者。工作组在 1990 年制定了 40 项反洗钱建议，后来在 1996 年进行了修订。该年的任务也扩

---

① Council of Europe, Explanatory Report to the Convention on the Laundering, Search, Seizure and Confiscation of the Proceeds from Crime and on the Financing of Terrorism 2005, p.21.

② Y-K Heng and K. McDonagh, *Risk, Global Governance and Security: The Other War on Terror*, London: Routledge, 2009, p.52.

大到包括恐怖主义在内的某些犯罪的所得。不过，反恐当时并不是工作组的重点。然而，工作组的焦点在"9·11事件"后果断地发生了变化。2001年10月，它发表了8项关于打击恐怖主义融资的特别建议。2004年10月再次进行了修订，并在当时的8项建议中增加了第9项特别建议。其解释性说明中阐述的建议就是全球反洗钱和反恐融资的核心规则和技术标准。①

非正式性、灵活性和高适应性使金融行动特别工作组的建议对国际社会反恐融资立法产生了快速和广泛的影响。工作组对在国际金融活动中开展业务的所有国家都有重要影响。170多个国家现在加入工作组或参与其机构活动，工作组的执行机制被证明非常有效。

金融行动特别工作组使用"建议"作为"软法"来实现其目标。"软法"本身是一个有争议的概念。它可以被描述为使用"不具有法律约束力的规则……来规范官方酌处权的行使"。②"软法"的特点是具有足够的灵活性，可以迅速适应不断变化的监管需求。③在国际法中使用"软法"有悠久的历史，它的性质和法律力量因机构而异。"硬法"和"软法"之间的界限模糊，特别是在国际金融方面。就金融行动特别工作组的建议而言，该标准被认为有重要价值，具有普遍影响，是相关国际和国内立法的主要参考。④金融行

---

①　K. Alexander, R. Dhumale and J Eatwell, *Global Governance of Financial Systems: The International Regulation of Systemic Risk*, New York: Oxford University Press, 2006, p.150.

②　M. Woodley, *Osborn's Concise Law Dictionary*, London: Sweet & Maxwell, 2005.

③　Leonardo Borlini and Francesco Montanaro, "The Evolution of the EU Law Against Criminal Finance: The 'Hardening' of FATF Standards within the EU", Georgetown Journal of International Law, Vol.48, 2017, p. 1015.

④　A. Gardella, "The Fight against the Financing of Terrorism between Judicial and Regulatory Co-operation" in A. Bianchi, *Enforcing International Law Norms Against Terrorism*, Oxford: Hart Publishing, 2004, p.418.

动特别工作组的建议与该领域的其他国际法规则有着相辅相成的关系。这些建议经常建立在现有条约义务的基础上，充实了许多法律规定的细节。特别建议 1. 要求批准所有相关的联合国法律文件。特别建议 2. 要求将恐怖主义融资和洗钱定为犯罪。特别建议 3. 要求冻结恐怖分子资产。特别建议 4. 呼吁国际合作。联合国本身也赞同工作组的工作。联合国安理会通过第 1617 号决议，强烈敦促各国执行金融行动特别工作组的建议。

虽然这些特别建议的性质是"软法"，但是对欧盟反恐融资立法的内容和发展有重要影响。欧盟二级立法通常全面采纳金融特别行动工作组建议的内容，所有欧盟反洗钱指令都在欧盟法律秩序中实施了金融特别行动工作组的建议。《第一反洗钱指令》完全采用了建议的预防框架[①]，《第二反洗钱指令》是为了实施和超越 1996 年修改的金融特别行动工作组建议[②]而拟定通过的。2015 年通过的《第四反洗钱指令》中，确保遵守工作组的建议也是立法的重要驱动因素，欧盟委员会认为建议书是对打击恐怖主义融资法律框架的重要加强。[③]

金融行动特别工作组是一个重要的全球反恐力量，尽管其活动缺乏透明度和问责制。[④]它也被批评为是美国在打击恐怖主义融资

---

①　Valsamis Mitsilegas, *Money Laundering Counter-Measures in the European Union: A New Paradigm of Security Governance versus Fundamental Legal Principles*, Kluwer Law International, 2003.

②　Commission Proposal for a European Parliament and Council Directive amending Council Directive 91/308/EEC of 10 June 1991 on prevention of the use of financial system for the purpose of money laundering, COM(1999) 352 final, p 3.

③　Commission Proposal for a Directive on the prevention of the use of the financial system for the purpose of money laundering including terrorist financing, COM(2013) 45 final, p. 3.

④　Valsamis Mitsilegas, *EU Criminal Law*, Oxford: Hart Publishing, 2009, pp.312–314.

方面占据优势的体现。因此，从这个角度来看，受金融行动特别工作组建议影响的欧盟，在反恐融资方面的规定是否符合区域反恐的切实需要，还是更多地反映了美国的意志和对跨大西洋反恐伙伴关系的承诺，值得思考。

第三节　欧盟反恐融资法的发展

一　欧盟反恐融资法的运行模式

在上述反恐理念的基础上，打击恐怖主义及其融资措施和倡议清单逐渐扩大。2004 年 12 月，欧盟制定了《打击恐怖主义融资战略》，以便为进一步加强打击恐怖主义融资提供"一致和全面的方法"。 2005 年《欧盟反恐战略》规定了以情报为主导的方法，改善政府与私营部门之间的信息共享。 从实施角度来看，欧盟反恐融资的机制是这样运作的：金融服务提供商持有客户的大量数据，包括名字、姓氏、性别、护照号码、出生地点和日期、银行账户和信用卡号码以及信息金融交易的有关金额、地点、时间和目的地。这些数据通过专门的软件程序进行监控和分析。这些软件程序通常最初是为商业目的而设计的，使用的技术包括分析、数据挖掘、社交网络分析、风险分析和其他预测技术。 在正确使用这些技术分析相关数据的基础上，可以找到不寻常或可疑的交易，并由银行内的相关人员或是之后由执法人员和情报机构进行更具体的分析。后者还可以从银行请求获取特定数据，并将这些信息与众多公共或私营数据库以及公开信息进行匹配和交叉检查，从而锁定嫌疑人员及其活动轨迹。

随着欧盟反恐融资法的不断发展，对资助恐怖主义的相关规定呈现越来越多、越来越严格的趋势。2015 年以来，外国恐怖主义战斗人员带来的安全问题引起了欧盟的重视。考虑到这些战斗人员的极端化思想和所受到的暴力训练,即使是数量很少的战斗人员,也会对其本国构成重大威胁。2015 年 1 月发生的查理周刊恐怖袭击导致欧盟司法内务理事会发表声明,表示"恐怖主义、极端化、招募和资助恐怖主义行为"是对欧盟内部安全的主要威胁。欧盟自此开始了新一轮的反恐立法,继续推进反恐融资法的更新。

二 欧盟反恐融资法的萌芽和产生

虽然欧盟反恐融资法在某些方面的内容是对美国反恐融资的倡议的回应,但它有自己的发展历史,确定了以预防和刑事定罪为基础的反恐融资立法。在其他国际组织对洗钱采取行动之后,欧盟于 1991 年通过了反洗钱的第一项行动,使用各种立法手段打击洗钱行为。但是,"9·11 事件"改变了欧盟反洗钱立法的发展趋势和重点。欧盟反恐融资法采用了联合国安理会和金融行动特别工作组提出的反洗钱模式,主要措施是五个反洗钱指令(分别于 1991 年、2001 年、2005 年、2015 年和 2018 年颁布)。

前两个指令对私营金融机构和指定的非金融专业机构施加了反洗钱义务,并授权在欧盟成员国建立金融情报单位。第 3 项指令在 2007 年生效,调整了严重犯罪的定义,第一次就反恐融资做出了明确规定。第 4 项指令则针对反恐的需要进一步扩大和加强了对资金流动的监管和报告义务,从立法高度强化了金融情报单位的权责,强调金融情报单位和各方协调合作的重要性。2015 年后欧盟面临的严峻反恐局势和支付技术的发展也对反恐融资立法产生了重要影响,2018 年《第五反洗钱指令》通过,将虚拟货币及其交易平台纳入调整范围。

（一）欧盟反恐融资法的萌芽

虽然恐怖主义融资问题是通过反洗钱立法来规制的，但是较长的时间内，反恐都不是反洗钱法律的关注对象。反洗钱法律首先是为了金融系统的安全和打击有组织犯罪建立的。为了维护欧洲共同体金融系统的健全、稳定和公众对之的整体信心，欧洲理事会于1991年6月10日通过了《欧洲理事会关于防止利用金融系统洗钱的指令》①（以下简称《第一反洗钱指令》）。《第一反洗钱指令》重视预防，侧重从预防的角度，对信用机构和金融机构如何控制和预防洗钱活动进行规制。该指令通过扩大反洗钱上游犯罪的范围，将恐怖主义包括在内。这体现了即使在"反恐战争"开始之前，欧盟已经注意到了恐怖组织、恐怖活动与资金流转的关系，而且已经有了对此防范的心态。虽然该指令注意到了恐怖主义与洗钱的联系，但打击恐怖主义融资并没有得到该指令的关注，该指令的重点仍然是犯罪所得。《第二反洗钱指令》②于2001年12月4日通过，在许多方面进行了更新，拓宽了原有制度的范围，但并未明确规定反恐融资相关的问题，重点仍然是犯罪所得。与《第一反洗钱指令》相同，当时欧盟反洗钱制度的核心目的是查明这种收益，而不是审查所有金融交易的更广泛的监督制度。

（二）欧盟反恐融资法的产生

2004年马德里爆炸案之后，欧盟与美国通过了《反恐联合声明》，明确提到了反恐融资问题，强调了联合国与金融行动特别工

---

① Council Directive 91/308/EEC of 10 June 1991 on prevention of the use of the financial system for the purpose of money laundering, OJ L 166, 28.6.1991.

② Directive 2001/97/EC of the European Parliament and of the Council of 4 December 2001 amending Council Directive 91/308/EEC on prevention of the use of the financial system for the purpose of money laundering - Commission Declaration, OJ L 344, 28.12.2001.

作组的相关规定。欧盟与美国承诺积极支持金融工作组在恐怖主义融资方面的所有建议[1]，保证相关立法会全部采纳特别推荐和解释说明。声明还提到需要加强预防，避免对替代性汇款系统、电汇、现金交易和非营利部门的滥用。随着金融行动特别工作组当时修订的"40+9项"建议，欧盟《第三反洗钱指令》在2005年10月26日通过。[2]《第三反洗钱指令》撤销了前两个指令，由此重塑了第一支柱的反洗钱立法。该指令的序文反映了对恐怖主义融资的态度"……恐怖主义动摇了我们社会的根本基础。在刑法方法之外，通过金融系统的预防性努力可以产生结果"。即使在今天，欧盟反恐融资立法经过两次重要修改，但《第三反洗钱指令》中对恐怖主义融资行为的规制模式保留了下来。《第三反洗钱指令》转向基于风险的方法，开始将恐怖主义融资纳入反洗钱犯罪的法律体系，这是该监管领域的两个重要转变。[3]

1. 指令范围

《第三反洗钱指令》最关键的改动就是将适用范围扩展到恐怖主义融资。该指令不仅在指令的标题中加入"恐怖主义融资"，还同时要求"各成员国应当确保禁止洗钱和恐怖主义融资行为"。所谓"恐怖主义融资"，是指为了全部或者部分地用于或者明知要用于恐怖行为，而以任何方式直接或者间接地供给或收集资金。《第三反洗钱指令》使欧盟反恐融资的区域规则与相关多边国际规则和

---

① EU-US Declaration on Combating Terrorism, June 26, 2004.

② Directive 2005/60/EC of the European Parliament and of the Council of 26 October 2005 on the prevention of the use of the financial system for the purpose of money laundering and terrorist financing (Text with EEA relevance), OJ L 309, 25.11.2005.

③ Maria Bergström, The Global AML Regime and the EU AML Directives: Prevention and Control, in Colin King, Clive Walker, and Jimmy Gurulé, *The Palgrave Handbook of Criminal and Terrorism Financing Law*, Palgrave Macmillan, 2018, p. 38.

金融行动特别工作组的建议保持一致。[1] 值得注意的是，在恐怖主义的定义方面，欧盟反恐刑法，即当时的《打击恐怖主义框架决定》与欧洲委员会和联合国相关公约对恐怖主义融资的定义有所区别。欧盟成员国必须将不同国家立法所涵盖的所有活动定为犯罪，以充分履行其义务。令人困惑的是，该指令第5条允许成员国采用或保留比指令要求更严格的国家规定。从对反恐融资实施更严格的规制方面，可以理解欧盟的目的。但是，这项规定似乎违反了指令的宗旨：协调欧盟对反洗钱和反恐融资的监管。实施方面，一些成员国，包括比利时、法国、爱尔兰、波兰、西班牙和瑞典没有执行该指令的规定。多样化的立法和实施实际上在欧盟范围内构成了一个内容广泛但远不一致的区域监管制度。

2. 基于风险的方法

"9·11事件"后，反洗钱和打击恐怖融资立法的一个关键特征是金融监管。根据以前的反洗钱措施，要求成员国确保受制于指令的机构采取适当的客户尽职调查程序。遵循"当建立业务关系时"或"当怀疑洗钱或恐怖主义融资"时的要求，进行尽职调查。[2] 具体实施中，尽职调查需要识别客户并验证其身份、识别相关物业的受益人、获得关于所述业务关系目的的信息和持续监控业务关系，这包括审查整个交易过程，必要时包括来源资金并确保持有的文件、数据或信息要及时更新。

如上所述，客户尽职调查需要系统监控符合指令要求的任何人

---

[1]　Maria Bergström, The Global AML Regime and the EU AML Directives: Prevention and Control, in Colin King, Clive Walker, and Jimmy Gurulé, *The Palgrave Handbook of Criminal and Terrorism Financing Law*, Palgrave Macmillan, 2018, p. 38.

[2]　Directive 2005/60/EC of the European Parliament and of the Council of 26 October 2005 on the prevention of the use of the financial system for the purpose of money laundering and terrorist financing (Text with EEA relevance), OJ L 309, Art. 7.

的财务交易。《第三反洗钱指令》对这种繁重的负担和对客户的侵入性规定通过三个因素来改善。第一，一些指示性条款提及建立清晰的风险敏感型措施。[①]第二，该指令明确规定了在某些情况下的"简化尽职调查"。[②]第三，该指令规定在某些有限情况下克减尽职调查的要求。[③]然而，实际运行中，这些因素对缓解监管负担或放松监督制度效果并不理想。与《第三反洗钱指令》中的若干技术领域一样，简化尽职调查和构成低风险的具体标准留给委员会做决定。[④]委员会认为，简化尽职调查应限于有限数量的案件。此外，该指令整体的倾向是加强尽职调查，这可能导致实际执行中更严格的身份检查，甚至是对金融交易更大的验证要求和限制。[⑤]《第三反洗钱指令》的立法方法是严格限制低风险和简化尽职调查的使用。普通尽职调查被确定为绝大多数情况下使用的标准，在某些情况下应加强尽职调查。这种对金融交易严格监管的做法引起了争议。有学者认为这显然是不公平的，因为大多数公众并未参加洗钱或是资助恐

---

① Directive 2005/60/EC of the European Parliament and of the Council of 26 October 2005 on the prevention of the use of the financial system for the purpose of money laundering and terrorist financing (Text with EEA relevance), OJ L 309, Art. 8.2.

② Directive 2005/60/EC of the European Parliament and of the Council of 26 October 2005 on the prevention of the use of the financial system for the purpose of money laundering and terrorist financing (Text with EEA relevance), OJ L 309, Art.11–12.

③ Directive 2005/60/EC of the European Parliament and of the Council of 26 October 2005 on the prevention of the use of the financial system for the purpose of money laundering and terrorist financing (Text with EEA relevance), OJ L 309, Art. 6, 9, 23.

④ Directive 2005/60/EC of the European Parliament and of the Council of 26 October 2005 on the prevention of the use of the financial system for the purpose of money laundering and terrorist financing (Text with EEA relevance), OJ L 309, Art.40.

⑤ Directive 2005/60/EC of the European Parliament and of the Council of 26 October 2005 on the prevention of the use of the financial system for the purpose of money laundering and terrorist financing (Text with EEA relevance), OJ L 309, Art.13.

怖主义，但是其正常交易活动却受到监控。应该说，《第三反洗钱指令》设计的这种监管模式有无差别大规模监控的特点，表明了预先性防卫的做法：在怀疑的基础上来捕获范围广泛的目标，然后依靠私营金融机构、金融情报单位和执法当局行使的酌处权来辨别是否有罪。

3. 报告义务

客户尽职调查不是金融监管的全部，还有更多的信息需要收集和监管。《第三反洗钱指令》第21条要求成员国建立金融情报单位。这样一个机构被定义为"中央国家单位"，它是"潜在洗钱或潜在的恐怖主义融资"信息的中心点。这一定义与2000年《关于金融情报单位的决定》相同，但指令扩大了金融情报单位的职权范围，涵盖了打击恐怖主义融资。[1] 如果要履行自己的职务，这些机构要获得相关"财务、行政和执法信息"。第20条规定了金融机构的义务，要求特别注意他们认为涉及洗钱或恐怖主义融资的交易，特别是复杂或异常大规模的交易，以及没有明显经济或可见合法目的的所有不寻常的交易模式。

从《第三反洗钱指令》对监控义务的规定来看，金融机构的义务是非常广泛的，但条文的措辞却有些模糊，不利于执行。例如，该指令要求金融机构特别注意确定任何"不寻常"交易是否具有"明显的经济或可见的合法目的"。但是实际上很难以任何方式定义"经济目的"，或是要求"可见的合法目的"。金融机构必须在他们知道、怀疑或有合理理由怀疑洗钱或恐怖主义融资已经实施或企图实

---

①   Directive 2005/60/EC of the European Parliament and of the Council of 26 October 2005 on the prevention of the use of the financial system for the purpose of money laundering and terrorist financing (Text with EEA relevance), OJ L 309, Art.21.

施时，通知相关金融情报单位。① 他们还必须避免进行可疑交易，除非这样做将会挫败该指令的反洗钱和打击恐怖主义融资目标。② 机构不得告知客户他们是被怀疑或调查的对象。③ 因此，《第三反洗钱指令》的监控模式是基于怀疑采取行动。交易必须明确合法，否则他们将向监管机构报告，监管者将决定是否采取进一步行动。这种工作模式的结果是赋予行政人员广泛的权力。

4. 执法措施

执法措施方面，《第三反洗钱指令》要求执行反洗钱规则的方式影响欧盟法律在这一领域的实际执行效果。该指令第 34 条第 1 款基本上规定了私营主体有义务采取预先性防卫措施。成员国必须确保对这些机构进行适当的监督。④ 他们还必须确保侵权行为受到刑事处罚或行政制裁，两者都应该是"有效，相称和劝阻性的"。⑤ 此外，成员国必须利用其法律制度确保私营主体不推卸责任。因此，按照该指令的规定，金融机构的责任非常广泛，指令的执行也需要大量的资源。

---

① Directive 2005/60/EC of the European Parliament and of the Council of 26 October 2005 on the prevention of the use of the financial system for the purpose of money laundering and terrorist financing (Text with EEA relevance), OJ L 309, Art.20.

② Directive 2005/60/EC of the European Parliament and of the Council of 26 October 2005 on the prevention of the use of the financial system for the purpose of money laundering and terrorist financing (Text with EEA relevance), OJ L 309, Art.24.

③ Directive 2005/60/EC of the European Parliament and of the Council of 26 October 2005 on the prevention of the use of the financial system for the purpose of money laundering and terrorist financing (Text with EEA relevance), OJ L 309, Art.28.

④ Directive 2005/60/EC of the European Parliament and of the Council of 26 October 2005 on the prevention of the use of the financial system for the purpose of money laundering and terrorist financing (Text with EEA relevance), OJ L 309, Art.36–37.

⑤ Directive 2005/60/EC of the European Parliament and of the Council of 26 October 2005 on the prevention of the use of the financial system for the purpose of money laundering and terrorist financing (Text with EEA relevance), OJ L 309, Art.39.

《第三反洗钱指令》采取了定罪和预防双管齐下的方法。[1]扩大刑事犯罪的范围和增加干预规则的适用，结合起来模糊了合法和非法行为的区别。此外，对资金流动和交易的广泛怀疑和大规模监控标志着从预防模式向预先性防卫模式的演化。虽然反恐目标对欧盟《反洗钱指令》系列的发展有重要的影响，但《第三反洗钱指令》代表着欧盟反恐融资模式的重要转变，开始转向基于风险的方法，出现向刑法方向扩张的规定。

三 强化控制的《第四反洗钱指令》

2015年4月，欧盟委员会提交了《欧洲安全议程》[2]。该政策文件强调有组织犯罪的主要目标是利润，国际犯罪网络正在利用合法的商业机构隐瞒其利润来源，要求安全部门加强执法能力，以解决有组织犯罪的筹资问题。除了打击有组织犯罪和网络犯罪外，预防恐怖主义和打击极端化被欧盟认为是最紧迫的挑战。《欧洲安全议程》表示将支持成员国在应对这些安全威胁方面的合作，特别呼吁在反洗钱方面采取额外措施。2015年6月26日，欧盟再次更新洗钱立法，《第四反洗钱指令》[3]生效。该立法采纳了金融行动特别工作组2012

---

[1] Valsamis Mitsilegas and B, Gilmore, "The EU Legislative Framework against Money Laundering and Terrorist Finance: A Critical Analysis in the Light of Evolving Global Standards", *International and Comparative Law Quarterly*, Vol.56, 2007, p.119.

[2] EU Commission, Communication from the Commission to the European Parliament, the Council, the European Economic and Social Committee and the Committee of the Regions (The European Agenda on Security), COM (2015) 185 final.

[3] Directive (EU) 2015/849 of the European Parliament and of the Council of 20 May 2015 on the prevention of the use of the financial system for the purposes of money laundering or terrorist financing, amending Regulation (EU) No 648/2012 of the European Parliament and of the Council, and repealing Directive 2005/60/EC of the European Parliament and of the Council and Commission Directive 2006/70/EC (Text with EEA relevance),OJ L 141, 5.6.2015, pp. 73–117.

年2月发布的最新建议，在反恐融资立法方面做了重要更新。总的来说，《第四反洗钱指令》的主要目标是防止欧盟金融系统被用于洗钱和恐怖主义融资目的，继续深化了自《第三反洗钱指令》开始的基于风险的反洗钱模式，而且强化了金融机构的控制作用。

（一）恐怖融资行为的刑事化

欧盟反洗钱系列指令的一个重要特点是与该领域的全球发展保持一致。欧盟法律已经从将反洗钱作为优先事项，发展到在随后的几十年里将有组织犯罪集团的洗钱作为规制重点，继而在"9·11事件"之后，将遏制恐怖主义融资作为反洗钱制度的重点。随着时间的推移，洗钱的定义再次与该领域的全球发展一致。对上游犯罪清单的扩展反映了欧盟对洗钱的理解和分析是随着国际洗钱标准和反恐局势的影响不断变化的。

《第四反洗钱指令》中相关上游犯罪的定义是按照欧盟认为的恐怖主义、有组织犯罪、欺诈或联合国刑法在该领域的措施来界定的。该指令第3条第4款将恐怖主义、贩毒、有组织犯罪、欺诈，腐败和所有可判处剥夺自由或拘留令的罪行定为最高1年以上的罪行。很明显，欧盟已经采用了一种将资助恐怖主义定为刑事犯罪的模式。

（二）加强预防作用

《第四反洗钱指令》通过基于风险的方法来加强预防作用，在欧盟、成员国和相关私营主体方面都规定了风险评估和风险管理职能。成员国方面，《第四反洗钱指令》规定成员国有义务本着基于风险的方法确保其范围全部或部分扩张到第2条第1款中规定的从事特别可能用于洗钱或恐怖主义融资活动的自然人或法人，而不仅仅是有义务的实体。此外，《第四反洗钱指令》第7条规定成员国有义务识别、评估、理解和减轻洗钱和恐怖主义融资的风险，包括任何相关的数据保护问题，成员国应建立相关机构或设立机制来应对上述风险，并将机构、机制的情况和风险评估的结果告知欧盟委员会和其他成员国。

欧盟方面，风险评估和风险管理的职能主要是欧盟委员会承担。《第四反洗钱指令》第6条规定，由欧盟委员会负责评估影响内部市场和涉及跨境活动的洗钱和恐怖主义融资风险。此外，为了保护内部市场的正常运作，欧盟委员会有义务将那些国内反洗钱和反恐融资框架中存在战略缺陷的国家规定为高风险国家。委员会不但承担与欧盟成员国有关的内部风险评估任务，还承担外部风险评估任务。根据指令第9条第1款和第2款的规定，为了保护内部市场的正常运行，委员会必须确定在其国家反洗钱和反恐融资体系中存在战略缺陷，对欧盟金融体系构成重大威胁的第三国为"高风险第三国"。

私营主体方面，《第四反洗钱指令》规定成员国有责任确保有义务的实体采取适当步骤，以识别和评估洗钱和恐怖主义融资的风险，同时考虑到风险因素，包括与他们的客户、国家或地理区域，产品、服务、交易或交付渠道相关的风险因素。[1]他们还必须确保有义务的实体制定策略，控制措施和程序，以有效地减轻和管理在该处确定的洗钱和恐怖主义融资风险。[2]在这两种情况下，所采取的措施

---

[1]　Directive (EU) 2015/849 of the European Parliament and of the Council of 20 May 2015 on the prevention of the use of the financial system for the purposes of money laundering or terrorist financing, amending Regulation (EU) No 648/2012 of the European Parliament and of the Council, and repealing Directive 2005/60/EC of the European Parliament and of the Council and Commission Directive 2006/70/EC (Text with EEA relevance), OJ L 141, 5.6.2015, p. 90.

[2]　Directive (EU) 2015/849 of the European Parliament and of the Council of 20 May 2015 on the prevention of the use of the financial system for the purposes of money laundering or terrorist financing, amending Regulation (EU) No 648/2012 of the European Parliament and of the Council, and repealing Directive 2005/60/EC of the European Parliament and of the Council and Commission Directive 2006/70/EC (Text with EEA relevance), OJ L 141, 5.6.2015, p. 90.

必须与有义务的实体的性质和规模相称。

值得注意的是，《第四反洗钱指令》规定了更为严格的尽职调查职责。在简化的尽职调查措施方面，《第三反洗钱指令》规定在客户是信贷或金融机构时，可以适用例外规定。成员国对符合《关于金融工具市场的指令》[1]规定的受监管市场的上市公司、国内公共机构，或是其他洗钱或恐怖主义融资风险较低的客户，也可以适用简化调查措施。但是，《第四反洗钱指令》的第15条和第16条规定了更严格的规则，废除了上述自动适用的简化措施，只有在考虑业务关系或交易的风险程度较低的时候才适用简化尽职调查的规定。

（三）强化金融情报单位职责

欧盟反恐融资立法升级的关键改动是加强金融情报单位的权力，特别是改善它们之间的跨境合作。《第四反洗钱指令》通过一系列详细规定修改了金融情报交流框架。

《第四反洗钱指令》强调了金融情报单位的调查职能，第37条规定，独立自主运营的金融情报单位是"具有执行权能的单位"，它的功能是分析、请求和报告特定信息。[2]当某项交易涉嫌洗钱或恐怖融资时，成员国应确保赋予金融情报单位直接或间接采取紧急行动的权力，以便中止或保留当前进行中的交易，从而分析交易并

---

① Directive 2004/39/EC of the European Parliament and of the Council of 21 April 2004 on markets in financial instruments amending Council Directives 85/611/EEC and 93/6/EEC and Directive 2000/12/EC of the European Parliament and of the Council and repealing Council Directive 93/22/EEC, OJ L 145, 30.4.2004.

② Council of the European Union, Proposal for a directive of the European Parliament and of the Council on the prevention of the use of the financial system for the purpose of money laundering and terrorist financing- General approach Document 10970/14 (General approach), 13.6.14, p. 9.

确认其可疑性。《第四反洗钱指令》第 32 条第 8 款还阐明 "金融情报单位的分析职能应包括针对特定个人目标的个案分析和表明洗钱和恐怖融资趋势和类型的战略分析"。金融情报单位应分析并向主管当局报告有关洗钱的可疑交易和其他信息结果，而且报告的义务并不取决于交易金额大小。

（四）提高分析效率

《第四反洗钱指令》将义务主体报送可疑交易报告的触发原因由 "犯罪活动" 修订为 "资金性质"，针对义务主体对 "资金性质" 的判断相对容易的特点，规定报送人员 "了解、怀疑或有正当理由怀疑资金和犯罪活动收益或和恐怖融资相关，应主动迅速报告金融情报单位"[①]，从而增强了该项规定的可操作性和效率，也有利于对涉恐资金的追踪和反恐目标的实现。

（五）强调信息共享与合作

欧盟金融情报单位之间信息交流的改善在打击恐怖主义融资的措施中占据重要位置。《第四反洗钱指令》要求不同国家的金融情报单位之间进行更多合作，规定各成员国金融情报单位的代表定期召开会议，促进信息交换与共享，保持最大限度的成员国金融情报单位之间的合作。同时，成员国应确保国内的政策制定者、金融情报单位、执法当局和其他管理当局就打击洗钱和恐怖主义融资建立协调合作的机制。此外，该指令还强调了成员国金融情报单位与欧盟银行、保险及证券市场监管当局及欧盟执法合作局之间的信息

---

① Directive (EU) 2015/849 of the European Parliament and of the Council of 20 May 2015 on the prevention of the use of the financial system for the purposes of money laundering or terrorist financing, amending Regulation (EU) No 648/2012 of the European Parliament and of the Council, and repealing Directive 2005/60/EC of the European Parliament and of the Council and Commission Directive 2006/70/EC (Text with EEA relevance),OJ L 141, 5.6.2015, Art.33.

共享和合作。《第四反洗钱指令》还赋予了金融情报单位更强的权力去查明和跟踪可疑的资金转移并且促进情报交流。情报交流不畅确实是当前欧盟反恐亟待解决的困境之一，这种规定体现了欧盟反恐立法对情报共享与合作越发倚重的趋势。

（六）严格规定实际控制人

《第四反洗钱指令》中对实际控制人有着严格的定义和规定。实际控制人是指对公司活动及交易拥有所有权和控制权的人，无论这种所有权是直接行使或委托代理行使。《第四反洗钱指令》要求成员国掌握境内公司和法律实体的实际控制人信息，确保信息完整、准确，能够被主管部门和有责任的主体查询到。此外，在委托代理关系中，《第四反洗钱指令》要求成员国应确保在其法律监管下的任何明示信托的受托人获得并持有有关实际控制人的完整、准确和及时的信息。相关信息应该包括委托人、受托人、保护人、受益人或受益群体和任何其他有效控制信托关系的自然人的身份信息。这种详细具体的规定对判断洗钱和恐怖融资有帮助。

（七）提高透明度

《第四反洗钱指令》为了防止洗钱或是恐怖融资行为人本着隐藏自己的犯罪行为或身份的目的建立复杂的公司结构，引入了有关公司受益所有权的具体规定。按照指令规定，法人必须披露其受益的所有者，并密切关注他们的数据，以履行尽职调查职责。有关受益所有权的信息将存储在金融情报单位中央登记册中，政府机构和金融情报单位可以不受任何限制地获取这些信息，需要采取客户尽职调查措施的实体和有合法利益的其他人员在符合访问要求后可以获取这些信息。此外，《第四反洗钱指令》还引入了资金转移可追溯性的新规则。通过确保信息轨迹，让涉恐资金的流转有迹可循，帮助主管当局能及时获取关键信息。

2015 年巴黎恐怖袭击后欧盟反恐融资立法的发展，体现出逐步纳入非金融和非监管主体，进一步制定关于预防性职责的规则，以便特别关注某些类别的个人，采取所谓的"基于风险的方法"来预防。恐怖主义融资这种模式，体现的是越来越多的数据和情报信息，越来越广泛的怀疑范围和越来越提前的预防措施。欧盟反恐融资法律制度的发展，与欧盟反恐刑法的发展模式保持一致，体现了预先性防卫的反恐模式。

四　更加严格的《第五反洗钱指令》

（一）安全目标推动欧盟反恐融资法的更新

虽然 2015 年出台的《第四反洗钱指令》被认为规定了一个有效的和全面的法律框架，能够用于解决为恐怖主义目的收集资金的问题，减轻与洗钱和恐怖主义有关的风险。然而，欧洲中央银行警告说，近几年的恐怖袭击事件和全球金融体系某些缺陷，揭示了恐怖组织融资和行动的新方式，但是《第四反洗钱指令》未能有效地应对这类洗钱和恐怖主义融资新趋势带来的挑战。某些现代技术服务作为替代金融系统正变得越来越受欢迎，但欧盟法没有对这种现象进行规制。[①] 例如，从事虚拟货币和法定货币以及托管钱包提供商之间交换服务的提供商没有识别可疑活动的欧盟法义务。因此，恐怖组织可以通过隐瞒转移或是受益于这些平台上可以享有的匿名性，将资金转入欧盟金融系统或虚拟货币网络。

为了跟上这些新趋势，欧盟认为应采取进一步措施，确保提高

---

① Opinion of the European Central Bank of 12 October 2016 on a proposal for a directive of the European Parliament and of the Council amending Directive (EU) 2015/849 on the prevention of the use of the financial system for the purposes of money laundering or terrorist financing and amending Directive 2009/101/EC (CON/2016/49), OJ C 459, 9.12.2016.

金融交易、公司和其他法律实体的透明度，改善现有的预防框架，并更有效地打击恐怖主义融资。因此，2016 年 7 月，在大规模恐怖主义袭击事件和巴拿马文件丑闻曝光后，委员会提出了《第五反洗钱指令》的提案，该提案是欧盟委员会 2016 年 2 月《加强打击恐怖主义融资的行动计划》[①]的一部分。2018 年 4 月 19 日，该指令在欧洲议会通过。

《第五反洗钱指令》[②]将进一步增强欧盟金融情报单位的权力，增加其对集中银行账户登记的访问权限，为他们提供执行任务的广泛信息；通过为法人实体建立公共中央登记册，提高在欧盟运营公司的受益人的透明度；防止使用虚拟货币进行恐怖主义融资，限制使用预付卡的风险；加强涉及高风险、非欧盟国家的金融交易的保障措施；保证所有成员国都有集中的国家银行和支付账户登记册或中央数据检索系统；并通过相互联系的登记册促进各国之间的合作。总的来说，指令的范围和主管当局的权能更为宽泛，对金融交易的监管范围扩大、程度加深。

（二）扩大指令范围

修订后的指令扩大了指令的范围，将虚拟货币兑换平台（VCEP）和托管钱包提供商（CWP）列为受欧盟法规约束的有义务的实体。这反映了有义务实体范围的进一步扩张，根据《第四反洗钱指令》，

① COMMUNICATION FROM THE COMMISSION TO THE EUROPEAN PARLIAMENT AND THE COUNCIL on an Action Plan for strengthening the fight against terrorist financing, COM/2016/050 final, Strasbourg, 2.2.2016.

② Directive (EU) 2018/843 of the European Parliament and of the Council of 30 May 2018 amending Directive (EU) 2015/849 on the prevention of the use of the financial system for the purposes of money laundering or terrorist financing, and amending Directives 2009/138/EC and 2013/36/EU (Text with EEA relevance) PE/72/2017/REV/1, OJ L 156, 19.6.2018.

这些实体仅限于金融机构和会计师、税务顾问等更传统的实体。

委员会认为虚拟货币兑换平台是用于交换法定货币的虚拟货币的电子货币交易场所。它将托管钱包提供商描述为代表其客户持有虚拟货币账户,可以有效地存入、存储和转移法定货币的经常账户。作为有义务的实体,虚拟货币兑换平台和托管钱包提供商现在将面临与银行和其他金融机构相同的监管要求。其中包括在国家反洗钱主管当局注册,实施客户尽职调查控制,定期监控虚拟货币交易以及向政府实体报告可疑活动的义务。

通过对虚拟货币兑换平台和托管钱包提供商强加这些要求,《第五反洗钱指令》使金融情报单位能够通过对它们的监控,发现通过虚拟货币进行恐怖主义融资和洗钱所必需的关键信息。此外,《第五反洗钱指令》使金融情报单位能够直接访问有义务的实体获得的信息,无论这些实体是否提交了可疑交易报告。这意味着金融情报单位获得了更多的权能。

(三) 增加虚拟货币交易的透明度

将虚拟货币兑换平台和托管钱包提供商作为有义务的实体并未完全解决虚拟货币交易带来的匿名问题,因为在许多情况下用户依然可以在匿名情况下进行交易。因此,《第五反洗钱指令》建议成员国创建由虚拟货币用户身份和钱包地址构成的中央数据库,不仅包括那些使用虚拟货币兑换平台或托管钱包提供商的地址,还包括虚拟货币用户提交的声明表格。此外,《第五反洗钱指令》指示成员国授权国家金融情报单位访问这些数据库中的信息,从而尽可能全面掌握虚拟货币交易的情况,避免匿名引起的资金流追查困难。

(四) 简化成员国虚拟货币监管框架

《第五反洗钱指令》通过定义关键术语并要求成员国在其反洗

钱立法中采纳这些定义，简化了成员国的虚拟货币监管框架。例如，修订后的指令将"虚拟货币"定义为"不是由中央银行或公共机构发行或担保的数字代表价值，不一定附属于合法设立的货币，也不一定具有货币或金钱的特点，但被自然人或法人接受作为交换手段，可以通过电子方式转让、存储和交易。"

由于该指令通过时间太短，难以评估其效果和影响。但是，在《第五反洗钱指令》的拟定和讨论过程中，其草案曾受到欧盟数据保护主管的批评，被认为该指令并不是秉着打击洗钱和恐怖主义融资的目标来制定的，而是掺杂了其他完全不相干的目的，对数据保护和比例原则造成了威胁。该指令引起了一些争议，例如为什么某些形式的侵入性个人数据的处理在反洗钱和打击恐怖主义方面是可接受的。欧盟数据保护主管还认为，这种解决方案的执行方式缺乏相称性，个人隐私权和对数据的保护面临重大风险。关键是，即使为了打击恐怖主义融资，这个风险都是不必要的。[1]

第四节　欧盟反恐融资法的效果和影响

一　欧盟反恐融资法的效果

《欧盟反恐融资战略》规定，防止恐怖分子获得财政资源是欧盟打击恐怖主义斗争的基石之一。欧盟的相关政策和法律文件也反复强调打击恐怖主义融资的重要性。然而，欧盟官方文件在评估其反恐融资措施方面没有提供任何明确的评估标准。2001年9月的《欧盟反恐行动计划》只包含了题为"结束恐怖主义融资"

---

① EDPS Opinion on a Commission Proposal amending Directive (EU) 2015/849 and Directive 2009/101/EC, Access to beneficial ownership information and data protection implications, Opinion 1/2017, 2 February 2017, p.3.

的段落[1]。2005年的《欧盟反恐战略》也只包含一个措辞相似的段落。[2]因此，欧盟反恐融资法的效果和影响只能从法律措施的执行、具体效果和实际影响来试着进行判断。考虑到《第四反洗钱指令》在适用时间很短、还未得到充分评价的情况下就被取代；更新的《第五反洗钱指令》又刚刚通过，仅分析欧盟反恐融资领域最新的立法难以全面考察欧盟反恐融资法发展过程中取得的成就与存在的问题。考虑到欧盟反洗钱系列指令在目的、规定和发展模式上的延续性，本书将欧盟的反洗钱系列指令按其发展趋势和更新重点进行综合分析与评价。

（一）反恐融资的模式不合时宜

从内容和运行模式来看，欧盟反恐融资法不仅旨在协调关于洗钱的刑事立法，而且还寻求制定共同的预防规则。欧盟反恐融资法的预防性手段包括大量的行政和财务措施，旨在阻止犯罪所得进入金融体系。[3]但是，欧盟的立法逻辑过于依赖美国对恐怖主义威胁分析，这会对法律的实施和有效性产生负面影响，因为美国对恐怖主义的分析及其结论可能并不适合欧盟反恐融资问题。

美国认为对本国有影响的"基地"组织的行为模式与有组织犯罪有类似之处，于是采用了其国内打击有组织犯罪的有关法律文件，并通过金融行动特别工作组和联合国相关决议对世界各国产生影响。实际上，欧盟面临的恐怖主义威胁与美国是有区别的。在没

---

[1] Council of the European Union. Conclusions and Plan of Action of the Extraordinary European Council Meeting on 21 September 2001, http://europa.eu.int/comm/external_relations/110901/actplan01.pdf.

[2] Council of the European Union, European Counter Terrorism Strategy, 2005, p.14.

[3] Leonardo Borlini and Francesco Montanaro, "The Evolution of the EU Law Against Criminal Finance: The 'Hardening' of FATF Standards within the EU", Georgetown Journal of International Law, Vol.48, 2017, p.1036.

有更全面分析的情况下，不能确定欧盟适合同样的模式。[①] 而且，现在的恐怖主义威胁与"9·11 事件"之后相比已经有了许多变化。不但袭击模式和特点明显与当时不同，恐怖分子还可以利用各种各样的金融机制来规避反恐融资的报告机制。[②] 可是，全球反洗钱和打击恐怖主义融资的立法模式却并没有改变，欧盟也是一样继续错误地利用以利润为导向的报告模式来解决恐怖主义融资问题。[③] 这必然会影响欧盟反恐融资法的实施效果。

（二）反恐融资的逻辑受到质疑

欧盟反恐融资法设立的特别报告制度，实际上是一种以利润为导向，以风险为基础，适用于有组织犯罪洗钱的制度，而不是专门为打击恐怖主义融资设置的制度。一方面，洗钱和恐怖主义融资具有相反的行动和目标。恐怖主义寻求政治目标，金钱只是实现目的的手段，而有组织犯罪的主要目标是金钱或利润。恐怖主义融资在相关金融交易的方向、参与者的动机以及要抑制的活动的规模这几个关键方面不同于洗钱犯罪。直接适用这种模式可能影响实践中对恐怖主义的遏制作用。洗钱旨在消除特定金额的非法来源。因此，反洗钱立法的基本原理是防止犯罪分子享受其先前犯罪的利益。相反，恐怖主义融资是将资金转移到恐怖主义活动中。因此，洗钱者的主要心理是隐瞒资金的起源，而恐怖分子通常试图隐藏融资活

[①] John Howell & Co., "The EU's Efforts in the Fight against Terrorism Financing in the Context of the Financial. Action Task Force's Nine Special Recommendations and the EU Counter Terrorist Financing Strategy", 2007, p.42.

[②] Nicholas Ryder, "Is It Time to Reform the Counter-Terrorist Financing Reporting Obligations-On the EU and UK System?" *German Law Journal*, Vol.19, 2018, p. 1170.

[③] Nicholas Ryder, "Is It Time to Reform the Counter-Terrorist Financing Reporting Obligations - On the EU and UK System?" *German Law Journal*, Vol.19, 2018, p. 1175.

动。[1] 另一方面，适用于有组织犯罪的洗钱模式与恐怖组织使用的洗钱模式正好相反。反洗钱制度针对有组织犯罪非法收益，其基于风险的运行机制会让最高额的洗钱行为或恐怖主义融资风险在资源分配方面得到最大的关注。[2] 但是在恐怖主义融资问题中，额度并不是最重要的。正如前文所述，现在恐怖袭击的特点之一就是用很少的资金造成相当严重的后果。恐怖分子可以将款项分到多个用于实施恐怖主义行为的工作账户中。在这种情况下，基于风险的反洗钱机制可能不会察觉出相关交易记录和账户的可疑性。因此，普遍认为的反恐融资与有组织犯罪的类比可能不仅具有误导性，甚至可能会适得其反。

（三）反恐融资的方式影响实效

成本效益分析对于理解私营金融机构作为有义务主体的作用和动机也非常重要，因为私营金融机构在监测每日金融交易时承担了日常反恐融资工作的大部分责任，要向公共当局报告可疑事项。[3] 此外，公共当局为私营部门提供了可能与恐怖主义融资相关的客户或是交易的模糊线索，同时要求金融机构建立复杂的监督机制和程序。这种机制的设立和运营成本很高。实践中，考虑到不遵守的严重后果和对声誉的影响，金融机构采取了防御性遵守公共反恐融资

---

[1]　Leonardo Borlini and Francesco Montanaro, "The Evolution of the EU Law Against Criminal Finance: The 'Hardening' of FATF Standards within the EU", *Georgetown Journal of International Law*, Vol.48, 2017, p.1017. Oldrich Bures, "Private Actors in the Fight against Terrorist Financing: Efficiency Versus Effectiveness", paper presented at the 6th ECPR General Conference, 2011.

[2]　Leonardo Borlini and Francesco Montanaro, "The Evolution of the EU Law Against Criminal Finance: The 'Hardening' of FATF Standards within the EU", *Georgetown Journal of International Law*, Vol.48, 2017, p.1017.

[3]　Oldrich Bures, "Private Actors in the Fight against Terrorist Financing: Efficiency Versus Effectiveness", paper presented at the 6th ECPR General Conference, 2011.

规则的做法，也就是说交易只要有轻微的疑点就报告，以避免受罚。报告的交易数量日益增加，给必须处理大量数据的公共金融情报单位带来巨大负担。大量的数据和可疑性报告使反恐融资起到了反效果，反而可能掩盖实际上是恐怖主义融资的可疑交易。这削弱了反恐融资制度的作用。而且，现有数据确实证明，金融机构的高报告效率并未起到实际效果，迄今未阻碍恐怖分子获得生存和行动所需要的经费。[①]恐怖分子有各种来源可以获得或转移资金，而这些资源本身就不属于反恐融资报告义务的范围。[②]

二　欧盟反恐融资法的影响

欧盟反洗钱系列指令的发展，体现了欧盟为了反恐目标逐渐加强金融监管的过程，这种反恐融资模式的影响已经扩散到金融领域之外，对欧盟法治产生了影响。

（一）金融规则对欧盟法治的影响

金融规则越来越多地为预防犯罪和反恐的目的而使用，对欧盟法治有明显影响。作为反恐融资法，《第五反洗钱指令》的适用会导致两个问题，每一个都影响了合法性原则。第一，对恐怖主义融资的定义参考了《打击恐怖主义指令》的第 1 条至第 4 条规定。虽然这种交叉参考能够促进欧盟反恐法的一致性，但正如前文所论述的，《打击恐怖主义指令》对恐怖主义的定义是模糊的，在合法性方面存在争议。那么，这种模糊的定义也会影响恐怖主义融资犯罪。如果恐怖主义犯罪的范围较之合法性原则准许得更宽，那么恐怖主

---

① Elod Takats, "A Theory of Crying Wolf, p.The Economics of Money Laundering Enforcement",www.imf.org/external/pubs/ft/wp/2007/ wp0781.pdf, 2017, pp.21–22.

② Nicholas Ryder, "Is It Time to Reform the Counter-Terrorist Financing Reporting Obligations - On the EU and UK System?" *German Law Journal*, Vol.19, 2018, p. 1188.

义融资的相关规定也同样违反了合法性原则。

第二，违反刑法基本原则。具体地说，这与《欧洲人权公约》第6条第2款的无罪推定有关。到目前为止它与恐怖主义融资、反洗钱和早期犯罪的反恐金融立法相关。反洗钱立法原本是找回实际犯罪的非法收益的一种方法。但是随着反洗钱系列指令的发展，该机制已经转而寻求通过阻挡相关资金的流动来剥夺（未来的）罪犯潜在未来犯罪的机会。也就是说，在恐怖主义犯罪中，刑事责任从实施恐怖主义活动的人转移、扩大到早期对这些可能实施犯罪的人给予资金支持的人。按照相关刑法理论和基本原则的规定，这种前摄性刑事立法违反了无罪推定原则。实践中，这种做法已经导致了刑事责任泛滥的问题。在美国，这种规定导致了捐款给善意慈善机构的人，因为该慈善机构可能向被称为"恐怖分子"的组织捐赠资金而被追究刑事责任。①

（二）预防性干涉的性质

在制定具体刑事罪名之外，欧盟反洗钱系列指令还是针对可疑金融交易采取预防性干涉措施与金融情报单位和其他相关机构运行的法律基础。总的来说，欧盟反恐融资立法规定了三种不同的干涉：第一，指令的发展带来广泛的尽职调查义务和监控要求；第二，大范围的人员和机构报告可疑交易的义务；第三，个人和机构不要进行此类业务的要求。第一个干预显然是预先性防卫性质的，因为其运行基于对所有不正当的和正当的金融交易的广泛怀疑。正是这种改变标志着欧盟反恐融资立法的重点从普通预防犯罪向预先性防卫的转变。报告可疑交易的义务和不要进行这类交易的要求，也存在

---

① D. Cole and J. Lobel, *Less Safe, Less Free: Why America is Losing the War on Terror* , New York: The New Press, 2007, pp.49–50.

对欧盟法治的负面影响。因为按照《第五反洗钱指令》的规定，个人的金融交易会因为被报告给监管机构而且基于私营主体的猜测而被冻结①，这是存在法律争议的。欧盟反洗钱系列指令对构成可疑金融交易的规定和标准相当模糊，因此实践中不同国家对何为可疑金融交易标准各异。在之前的实践中，有些成员国对"可疑"的理解非常宽泛，导致了不少错误的报告。

此外，预先性的反恐融资立法对救济和问责的规定很不充分。通过欧盟反洗钱系列指令的修改内容可以发现，主管当局和有义务私营主体在这个管理系统中权能逐渐扩大。系统的监控范围也发生了变化，从对犯罪有针对性的行动到基于怀疑的普遍监控。本着反洗钱和打击恐怖主义融资的目标，欧盟要求大量金融和其他相关专业服务提供者作为事实上的代理人。因此许多控制性质的职责在缺乏适当的指导和问责制度的情况下，实际上被外包给私营主体。一个对洗钱和恐怖主义融资有关的金融交易有着"怀疑的合理依据"的私营主体，必须阻止该交易并报告有关当局。为确保私营主体不受个人或法人因其行动的目标而承担任何责任，有关规则保护告密者不受披露责任的影响。但问题是，被报告人员的损害无人承担责任。反洗钱系列指令对那些被事后证明是错误的怀疑，在补救措施、责任承担等方面的规定极为有限，而实践中最后被证明缺乏法律基础的报告数量非常多，被错误报告的个人很难获得有效的救济。即便有人得知他被报告有可疑金融交易，也不太可能由于执法和国家安全免责与数据保护原则而获取报告。指令中被报告人员规定的缺

---

①　Directive (EU) 2018/843 of the European Parliament and of the Council of 30 May 2018 amending Directive (EU) 2015/849 on the prevention of the use of the financial system for the purposes of money laundering or terrorist financing, and amending Directives 2009/138/EC and 2013/36/EU (Text with EEA relevance) .

乏否定了他们与该制度互动的可能。欧洲数据保护主管曾把刑事司法职能施加到私营主体描述为"近年来最重要的趋势之一",而且认为反洗钱系列指令在这方面的规定,"背离了目的限制原则","经常侵犯隐私",应该仅在其必要性有"非常强的证据",以及对有关个人权利应该得到"全面保护"的情况下才能要求。[①]很清楚的是,反恐融资领域的数据监控不限于"基于对特定人员的怀疑"的行动,而是一个普遍监控的系统。

(三)以怀疑为基础的监控

因为反恐融资与使用合法或非法的钱融资犯罪有关,尽职调查和监控金融交易就不再只限于识别和追踪作为犯罪所得的资金,而是必须开展对所有金融交易的监控来确定是否会被用作恐怖主义目的。于是,欧盟反恐融资立法的演进造成了公共和私营金融管理者更广泛的监控权力,其行事逻辑与数据监控类似,"对有效地成为犯罪嫌疑人的团体主动监控,使用新技术来识别风险团体"。[②]这种对普通顾客和金融交易的广泛监控,与欧盟《打击恐怖主义指令》的运行逻辑非常相似。即通过适用对恐怖主义和恐怖犯罪的广泛定义,对尽量多的对象尽量早地采取预防和控制活动,通过追踪资金链找到还未采取行动的嫌疑人员,争取在恐怖活动发生前将其制止。

反恐融资措施的成本不仅仅是资金,在预防逻辑的基础上扩大监控规模、加强控制措施,实际上可能对大量无辜人员的正常生活产生不利影响。反恐政策、立法和措施可能建立在不全面、有问题

---

① Opinion of the European Data Protection Supervisor on the Communication from the Commission to the European Parliament and the Council on an area of freedom, security and justice serving the citizen, C 276/8, 17 November 2009, paras 63–65.

② M. Levi and D. Wall, "Technologies, Security and Privacy in the post 9/11 European Information Society", *Journal of Law and Society*, Vol.31, 2004, p.200.

的理解和证据的基础之上。如果在目标和针对性方面出现了偏差，就可能有损于自由、人权和公平。实践中，欧盟反恐融资法的相关实践措施对许多人的生活产生了不利影响。一些专家指出，反恐融资措施的效果不仅阻止正规金融系统被恐怖分子和洗钱者滥用，而且排除了没有固定收入或固定地址的弱势群体，例如无家可归的人、移民和学生。[①] 其中，对非正规汇款系统的限制产生的影响尤为严重，影响了数百万人的生计。以哈瓦拉为代表的非正式银行体系已经存在了几个世纪，依靠"基于种族的信任"而不是正式的法律结构来维持体系的完整性。但是，这些系统从早期就被指定为打击"基地"组织的相关反恐立法和政策的关键目标。现实中，为反恐目的约束非正规银行体系，对发展中国家和边缘移民社区的不利影响比识别和追踪恐怖分子取得的效果更大。反过来说，对普通民众正常金融活动的不利影响也对欧盟反恐融资措施的实施产生了负面作用，有碍其目标的实现。

第五节 小结

整体而言，欧盟反恐融资法的发展，诸如联合国反恐决议的落实、反洗钱系列指令的公布及其在规范上的发展，体现了欧盟为遏制恐怖主义融资付出的努力。从欧盟反恐法的各个构成部分来看，反恐融资法是更新最频繁的领域。这一方面体现了恐怖主义融资模式的快速变化和发展，另一方面凸显了欧盟对遏制恐怖主义的重视。

纵观欧盟对反洗钱指令的更新，不难发现欧盟反恐融资立法的

---

① Mara Wesseling, "New Spaces Governing the EU's Fight against Terrorism Financing", paper presented at the Annual Meeting of the ISA's 50th Annual Convention, 2009, p.2.

发展趋势。其一，与国际反恐融资规则紧密同步，重视联合国有关决议和金融行动特别工作组的建议。虽然在部分具体规则上与国际反恐融资法略有不同，但内容在很大程度上是一致的。规则的一致有助于多边反恐融资规则的构建，也能够让欧盟在多边反恐融资领域发挥更大的作用。欧盟反恐融资规则稍有不同的部分，能够对多边规则体系起到补充的作用，也有助于欧盟针对内部边界开放的固有安全漏洞有针对性地加强监管。其二，逐渐加强了监管强度，扩大了监管范围，加重了监管义务。欧盟反恐融资法的发展，与欧盟反恐刑法的发展模式一样，逐渐体现出预先性防卫的特点。其负面效果，就是越来越强的行政权力和对法治与人权的逐渐侵蚀。

但是，这种基于风险逻辑的预先性防卫，是否能让欧盟实现反恐目标呢？实践的反馈并不理想。反洗钱系列指令的重点和模式虽然自《第三反洗钱指令》开始有所调整，但基础逻辑更多体现的是美国在"9·11事件"发生后的短时间内对本国恐怖主义情势威胁判断后得出的结论。实际上，恐怖主义威胁其后快速发生改变，组织形式和袭击模式都发生了诸多变化，使用和获取资金的方式也在演进。但是，国际和欧盟的反恐融资逻辑却并没有随之调整。面对屡次发生的恐怖主义袭击，欧盟反恐融资法的更新体现得更多的是措施的强化和范围的拓宽。而且，欧盟虽然与美国有紧密的反恐合作伙伴关系，但面临的恐怖主义威胁却有不同的特点，对资金的依赖和处理也有自己的模式，需要欧盟做出更有针对性的回应。遗憾的是，欧盟的更新对这些重要的具体问题没有给予足够的重视。不科学的工作模式和过高的运营成本也不利于欧盟反恐融资法实现对恐怖主义的遏制。而且，从欧盟反恐融资法更新模式的规律来看，这种模式在短时间内不太可能改变。在欧盟面临着更隐蔽、更分散的恐怖主义威胁的今天，欧盟反恐融资法的更新的确让主管当局能获得更多的反恐权能，对更多行为进行监控，获取更多信息，但是反恐模式并不科学，也欠缺针对性，还要以对人权的损害和法治的侵蚀为代价。关键的问题是，这种损害恐怕也难以帮助欧盟反恐取得更好的实际效果。

第四章 欧盟反恐金融制裁法

欧盟在"反恐战争"之前就有资产冻结制裁规则。经过十多年的发展，当前的欧盟反恐金融制裁从内容上体现出对联合国为核心的"有效多边主义"维护。以联合国有关决议为基础，在反恐中重视维护联合国的领导作用。但照搬联合国的反恐制裁规则，导致了对正当程序和人权保护方面的争议。首当其冲的问题是制裁违反基本权利，使个人的财产权和公平审判权遭受严重侵犯，但似乎不能迅速纠正。金融制裁是欧盟反恐法中争议最大的。最突出的问题是反恐金融制裁的性质。从目的方面看，类似临时性预防措施；从影响方面看，类似刑事制裁。但这两种都不能体现欧盟反恐金融制裁的特征。要明确欧盟反恐金融制裁的性质，必须结合欧盟反恐的整体目标来进行分析。

第一节 欧盟反恐金融制裁法的国际法基础

使用经济制裁作为维护国际和平与安全的工具有着悠久的历史。[①] 以前的制裁中最引人注目的是在 20 世纪 90 年代针对伊拉克的制裁。该制裁措施遭到了强烈批评，被认为是对目标国家无辜人

---

① Christian Christina Eckes, *EU Counter-Terrorist Policies and Fundamental Rights: The Case of Individual Sanctions*, Oxford: Oxford University Press, 2009.

员的伤害[①]。针对这些批评，联合国安理会制定了采取"有针对性"制裁的做法。这些决议以具体个人为目标的想法在国际法上是革命性的。[②] 反恐背景下，欧盟在联合国安理会针对恐怖主义的两个决议基础上采取反恐金融制裁，冻结相关恐怖主义资产。欧盟反恐金融制裁的国际法基础是第 1267 号决议[③]和第 1373[④]号决议。根据第 1267 号决议对与本·拉登、塔利班和"基地"组织有关的个人和实体采取针对性制裁，以第 1373 号决议为基础设计了一份制裁名单。

一　联合国安理会第 1267 号决议

欧盟冻结恐怖主义资产的第一个国际法基础建立在联合国第 1267 号决议的基础上。该决议针对本·拉登本人和塔利班及与其有关联的那些组织。[⑤] 安理会将制定个人和实体名单的责任委托给制裁委员会（1267 委员会）。在"9·11 事件"之后，通过一项新决议加强了第 1267 号决议的制裁制度，还敦促所有国家通过必要的国内立法履行这些义务。[⑥] 值得注意的是，决议的上、下文中没有对解除对塔利班制裁的条件做出规定。这标志着国际社会转变了对恐怖主义制裁的模式，目的更加广泛，从旨在实现特定目的（如起诉本·拉登）的制裁制度明显转变为使目标人物、其支持者以及

---

① GL Simons, *The Scourging of Iraq: Sanctions Law and Natural Justice*, London: Macmillan, 1996.

② GL Simons, *The Scourging of Iraq: Sanctions Law and Natural Justice*, London: Macmillan, 1996.

③ UN Security Council resolution 1267, 15 October, 1999.

④ UN Security Council resolution 1267, 15 October, 1999; UN Security Council resolution 1373, 28 September, 2001.

⑤ UN Security Council resolution 1267, 15 October, 1999.

⑥ UN Security Council resolution 1390, Art. 8, 28 January 2002.

与他们有关联的任何个人和组织丧失能力的制度。

第 1267 号决议的制裁规定中，列名和除名程序是制裁制度及其造成的争议的核心。列出个人名单的程序规定已经与刚成立时有所不同。该程序根据 1267 委员会审议的国家列名提交文件。1267委员会准则规定，要求列名的国家应提交尽可能多的信息，以支持列名请求。[①] 但是，修改程序通过委员会的行政程序进行，没有审议过程。在 1267 委员会于 2011 年通过第 1989 号决议之前，委员会的标准决策形式是通过协商一致做出决定。[②] 按照委员会的工作程序，一旦收到列名申请，委员会将在 10 天内通过书面程序进行审议。或者，一国可以要求将列名请求列入委员会的议程，以便进行更详细的讨论。因此，如果有一个联合国成员国怀疑某个个人或团体，只要 1267 委员会的成员同意这一请求，就可以被列入制裁名单。在确认列入后，会通过外交渠道进行通报。

除名在正当程序方面也不令人满意。最初，个人完全依赖其国籍国或政府将请愿书提交给 1267 委员会。[③] 委员会的除名程序也是协商一致，要取得请求列名的政府的同意。后来对安理会决议和委员会准则的修正试图解决这些正当程序不充分的问题。从 2006 年到2009 年，被列入的个人可以通过协调中心直接向联合国申请除名。然而，协调中心只是一个行政办公室，其职能是收集与请求有关的信息，促进各国政府和 1267 委员会之间的讨论。[④] 而且，有些国家希望除名决策过程不会转给独立评估员。[⑤]2009 年，联合国安理会

---

① 1267 Committee, Guidelines of the Committee for the Conduct of its Work, S 6(g).

② 1267 Committee, Guidelines of the Committee for the Conduct of its Work, S 4(a).

③ 1267 Committee, Guidelines of the Committee for the Conduct of its Work, S 7(e).

④ UN Security Council resolution 1730, 19 December 2006.

⑤ UN Security Council, Minutes of the 5599th meeting, UN Doc S/PV. 5599, 16 December, 2006.

设立了监察员办公室，取代协调中心。监察员办公室是根据联合国安理会第1904号决议设立的，该决议宣布委员会应由设立的监察员办公室协助，还规定了监察员的独立性，不得寻求或接受任何政府的指示。

然而，监察员可能为寻求除名的人提供充分正当程序的期待尚未得到证实。起初，监察员的作用相当有限。联合国安理会第1989号决议大大加强了这一职位的权力。该决议将与塔利班有关的制裁与有关"基地"组织的制裁分开。尽管除名过程已经出现很大改变，后一种制裁仍然受第1267号决议的制约。监察员现在可建议将个人或实体从"基地"组织名单中除名。除非1267委员会以协商一致方式决定保持列名，他的建议就会生效。但是，1267委员会的一名成员可将此事提交安理会。一旦将建议提交安理会，常任理事国的否决权使任何一个国家能够防止除名。因此，除名程序是否符合正当程序的要求，仍然存在争议。

二　联合国安理会第 1373 号决议

欧盟冻结恐怖主义资产的第二个国际法基础是2001年9月28日通过的安理会第1373号决议。值得注意的是，通过决议的会议只持续了三分钟。[①]该决议要求成员国修改国内法，将恐怖主义和相关行动定为刑事犯罪，禁止所有形式的资助恐怖主义行为并将其定为刑事犯罪，并冻结"实施或企图实施恐怖主义行为或参与或协助实施恐怖主义行为的人的资产……个人和实体"。第1373号决议设立了反恐委员会，负责监督联合国成员国在执行该决议方面取

---

① UNSC, Security Council Unanimously Adopts Wide-Ranging Anti-Terrorism Resolution, 28 September, 2001,https://www.un.org/press/en/2001/sc7158.doc.htm.

得的进展。反恐委员会的主要作用是监督第1373号决议的执行情况，提高各国打击恐怖主义的能力。它不是一个制裁委员会，不负责编制资产冻结的名单，提名和除名交由各国拟订和执行。

三　对联合国制裁规则的评价

联合国安理会及其部分成员国，通过积极地主导后9·11时期的国际反恐议程，使安理会在国际反恐法和区域反恐法的构建中产生了深远的影响。安理会通过将个人和实体置于制裁名单上和有针对性的制裁制度，使有关个人、组织和实体受到强制性制度的制约。鉴于冻结恐怖主义资产的制裁规则对指定个人、组织和实体的深刻影响，制裁制度应该认真构建，以确保其合理性和有效性。然而，联合国恐怖主义制裁制度的建立体现了应急性和特别性。在仅持续3分钟的会议上通过一项影响深远的反恐制裁措施，措施的合理性令人担忧。这些强制性制度的通过和具体规定缺乏正常程序和明确标准，国家对名单的决定权不受约束，1267委员会的发展体现了一种先行动后计划的模式。整体而言，这些规则体现出一种令人担忧的倾向：行政权力的扩大，明确规划的缺乏和正当程序的缺失。

第二节　欧盟反恐金融制裁法的发展

在《里斯本条约》生效之前，欧盟的金融制裁制度涉及欧盟三大支柱的各种措施。因此，欧盟成员国执行联合国安理会决议的方式很有特点。虽然安理会的各项决议不直接约束欧盟，但成员国选择通过共同外交和安全政策（CFSP）履行其联合国义务。欧盟通过共同立场，执行成员国根据联合国安理会第1267号决议和第1373号决议所承担的义务，然后使用条例在欧盟法律秩序中对制裁给予充分的法律效力。从内容来看，欧盟反恐金融制裁法与联合国反恐金融制裁的有关决议联系紧密。欧盟在金融制裁方面的作为，体现了积极参与多边反恐的承诺，但也招致了透明度和人权方面的争议。

一　《里斯本条约》对法律基础的影响

欧盟反恐金融制裁制度也许是近些年学术讨论最多的领域。根据欧洲法院对卡迪案的判决，显然欧盟认为有权根据《建立欧洲共同体条约》（以下简称《欧共体条约》）第 60、301、308 条的规定通过制裁。联合国制裁名单和欧盟制裁名单都是在这个基础上实施的。但实际上，初期欧盟理事会是否有能力通过这些金融制裁措施是非常有争议的。

欧盟反恐金融制裁根据《欧共体条约》第 301 条和第 60 条为法律基础实施的。这些条款从目的上看，是作为连接共同外交与安全政策和内部市场的"桥梁"而存在的。[①] 但是，第 301 条和第 60 条的内容仅涉及针对第三国的制裁的执行。因此，在法律上最大的问题是，这些条款是否可以成为针对没有与受制裁的"第三国"联系的个人的基础。为了解决这个问题，初审法院和欧洲法院在《里斯本条约》出台之前裁定欧共体有能力对疑似恐怖主义资产采取金融制裁。具体方式是扩大法律依据，包括《欧共体条约》第 308 条[②] 允许理事会采取行动实现目标。这种办法意味着《欧共体条约》本身没有提供充分的法律基础，因为第 308 条只能用于实现内部市场目标。为了解决这个问题，法院认为，第 60 条和第 301 条确立的"桥梁"被第 308 条扩大了，允许内部市场用于追求对外政策目标。初审法院的判决没有详细说明哪些目标可能通过"桥梁"，使用内部市场

①　Council Regulation 337/2000; Council Regulation 467/2001.

②　Council Regulation 881/2002.

机制来实现。初审法院允许这种扩大解释的原因，并不是欧盟需要在其内外部事务中保持一致，而应该是"国家不能再被认为是对国际和平与安全的唯一威胁来源"。[1] 在上诉时，欧洲法院裁定，理事会的做法不能减损条约规则，第308条不能用于修改条约。[2] 但是有许多学者发现，两个法院在这方面的论证存在问题和争议。[3] 而且，两个法院对金融制裁能力解释的不同方式[4] 更是证实了问题的存在。不过，也有学者认为这种实用主义的方法能够避免与联合国决议代表的多边反恐金融制裁制度发生紧张关系，能够让欧盟与联合国在反恐方面妥善合作，顺利采取多边主义反恐模式。但从欧盟的角度来看，真正为反恐金融制裁的实施提供法律基础的是《里斯本条约》。

《里斯本条约》为解决上述争议提供了两个潜在的法律基础：《欧盟运行条约》第75条和《欧盟运行条约》第215条。第75条允许欧盟为打击恐怖主义的行政措施（如冻结资产）确定一个框架。[5] 因此，该条款是对反恐金融制裁法律基础问题的一个解决方案。从制度合法性的角度来看，《欧盟运行条约》第75条的优点是规定应通过普通立法程序采取行动，赋予理事会和欧洲议会平等的权力。反恐资产冻结制裁另一个潜在法律基础是《欧盟运行条约》第215条。该条款对限制性措施做出了规定。它首先提供了一个对

---

[1] Case T-315/01 Kadi [2005] ECR II-3649, para 133.

[2] Piet Eeckhout, "Community Terrorism Listings, Fundamental Rights, and UN Security Council Resolutions, In Search of the Right Fit", *European Constitutional Law Review*, Vol.3, Issue 2, 2007, p.197.

[3] S. Poli and M. Tzanou, "The Kadi rulings, p.a survey of the literature", *Yearbook of European Law*, Vol.28, 2009, p.545.

[4] Christian Christina Eckes, *EU Counter-Terrorist Policies and Fundamental Rights:The Case of Individual Sanctions*, Oxford:Oxford University Press, 2009, p.125.

[5] 《欧洲联盟基础条约：经〈里斯本条约〉修订》，程卫东、李靖堃译，社会科学文献出版社2010年版，第76页。

国家采取限制性措施的程序，同时声明也可以针对"自然人或法人以及团体或非国家实体"来采取限制性措施。①而且，这种行动应"包括关于法律保障的必要措施"②。采取这项行动的程序要求理事会根据外交事务和安全政策高级代表和欧盟委员会的共同提议采取行动，相关情况应通报欧洲议会。实践中，当成员国决定修订在欧盟法律中实施制裁"基地"组织和"塔利班"的立法时，他们选择了《欧盟运行条约》第215条。③

二　针对性反恐金融制裁规则

关于法律基础的争议没有阻挡欧盟反恐金融制裁制度的发展。欧盟的共同立场直接提及联合国制裁名单，规定欧盟应在其第一支柱下采取行动实施制裁。欧盟采取措施冻结"塔利班"、本·拉登及其同伙（例如"基地"组织）的资产。针对塔利班的资产，欧盟1999年11月15日通过了《理事会关于对"塔利班"采取限制措施的共同立场》④（1999/727/CFSP）；针对本·拉登及其有关个人和实体的资产，欧盟2001年2月26日通过了《理事会关于对"塔利班"采取额外限制措施和修改共同立场96/746/CFSP的共同立场》⑤（2001/154/CFSP）。

理事会第2001/154/CFSP号共同立场的作用是确保联合国安

---

① 《欧洲联盟基础条约：经〈里斯本条约〉修订》，程卫东、李靖堃译，社会科学文献出版社2010年版，第128页。

② 同上。

③ Council Regulation 1286/2009, 22 December, 2009.

④ 1999/727/CFSP: Council Common Position of 15 November 1999 concerning restrictive measures against the Taliban, OJ L 294, 16.11.1999.

⑤ Council Common Position of 26 February 2001 concerning additional restrictive measures against the Taliban and amending Common Position 96/746/CFSP (2001/154/CFSP).

理会第 1333 号决议的执行。该条例规定所有联合国成员国应冻结本·拉登及与其有关的个人和实体的资金，并应确保不向其提供其他资金或财政资源。第 1333 号决议是根据《联合国宪章》第七章通过的，这意味着根据《联合国宪章》第 25 条，其规定对所有联合国成员国都具有约束力。理事会第 2001/154/CFSP 号共同立场参考了联合国安理会第 1333 号决议以及 1267 委员会的许多规定。该共同立场第 4 条规定，"本·拉登及与联合国制裁委员会指定的与他有关系的个人和实体的资金和其他金融资产将被冻结。在条款内容之外，欧盟对本·拉登及其同伙的资产冻结措施也是完全基于联合国制裁委员会制定的名单，直接转化为共同体法律，没有做任何改动。其后 1267 委员会恐怖名单的任何修改都被欧盟忠实地转化为共同体法律。鉴于 1267 委员会工作遭到的严厉批评，欧盟的反恐金融制裁立法在列入和除名方面同样缺乏透明度"。[①]从这方面来看，欧盟表明了它在与联合国合作执行针对本·拉登及其同伙的金融制裁方面的坚定承诺，但是遭受了缺乏透明度和人权方面的批评。

欧盟对联合国反恐金融制裁的承诺和执行也可以通过其他相关立法得到充分反映。在上述共同立场外，欧盟还通过了第 881/2002 号条例[②]。该条例规定冻结其附件中所列的所有个人和组

[①] C. Draghici, "International organisations and anti-terrorist sanctions, p.no accountability for human rights violations?", *Critical Studies on Terrorism*, Vol.2, 2009, pp.293–312.

[②] Council Regulation (EC) No 881/2002 of 27 May 2002 imposing certain specific restrictive measures directed against certain persons and entities associated with Usama bin Laden, the Al-Qaida network and the Taliban, and repealing Council Regulation (EC) No 467/2001 prohibiting the export of certain goods and services to Afghanistan, strengthening the flight ban and extending the freeze of funds and other financial resources in respect of the Taliban of Afghanistan, OJ L 139, 29.5.2002.

织的资产，并授权委员会在联合国 1267 委员会的列名决定后修正附件。2003 年，在安理会对有关决议进行调整后，新的共同立场和条例规定必要生活费用的某些豁免，但这种豁免必须经过 1267 委员会批准。[①] 迄今为止，该条例的附件（包含联合国制裁名单）已经修改数次，每次都遵守了 1267 委员会列名和除名的规定。

第 881/2002 号条例近年经过若干次修改。[②] 修改的主要原因是欧洲法院在卡迪案中的裁决和联合国安理会第 1882 号决议的通过。第 1286/2009 号决议新增第 7 条第 1 款，要求在做出决定后，必须将该决定通知列名人士，向他们提供表达意见的机会。在收到意见后，必须将意见提交制裁委员会并审查其决定。然后必须将审查结果通知列名人士和制裁委员会。只有在提交"大量新证据"后，才能进行进一步审查。相应的，第 7 条第 3 款向联合国和欧盟已经列出的人提供同样的审查手段。在 2011 年又对条例进行了修订，以便根据联合国安理会第 1988 号决议和第 1989 号决议，将"基地"组织和"塔利班"制裁名单分离。自从通过第 1286/2009 号条例以来，欧盟委员会列出的名单中包括了联合国安理会所列的全部个人和实体。

---

① Council Common Position 2003/140/CFSP concerning exceptions to the restrictive measures imposed by Common Position 2002/402/CFSP; Council Regulation (EC) No 561/2003.

② Council Regulation (EU) No 1286/2009 of 22 December 2009 amending Regulation (EC) No 881/2002 imposing certain specific restrictive measures directed against certain persons and entities associated with Usama bin Laden, the Al-Qaida network and the Taliban OJ L 346/42 (23 December 2009); Council Regulation (EU) No 754/2011 of 1 August 2011 amending Regulation (EC) No 881/2002 imposing certain specific restrictive measures directed against certain persons and entities associated with Usama bin Laden, the Al-Qaida network and the Taliban OJ L 199/23 (2 August 2011).

三 一般反恐金融制裁规则

联合国安理会第 1373 号决议规定冻结恐怖分子个人和一般实体的资产，措施较之第 1267 号决议更加广泛。在履行联合国安理会第 1373 号决议规定的义务时，欧盟也采取更广泛的金融制裁。2001 年 12 月，理事会为履行第 1373 号决议通过了包括两个共同立场、一项条例和一项决定的系列行动。

《理事会关于打击恐怖主义的共同立场》[①]（2001/930/CFSP）概述了基于联合国第 1373 号决议欧盟决定采取的一系列行动，包括冻结个人和团体的资金、其他金融资产和经济资源，或在欧盟领土上实施恐怖主义行为。《关于采取具体措施打击恐怖主义的理事会共同立场》[②]（2001/931/CFSP）是欧盟一般反恐金融制裁规则的具体体现，其目标是实施联合国第 1373 号决议，冻结欧盟"国际"（即非欧盟）恐怖分子的资金、其他金融资产和经济资源，确保这些人不能获得替代资金、金融资产、经济资源或金融或相关服务。为在欧盟层面保持对恐怖主义的一致立场和观点，该文件将 2002 年 6 月 13 日欧盟通过的《打击恐怖主义框架决定》中"参与恐怖主义行为的人员，团体和实体"的定义包括在内。此外，还要求成员国加强对"国际"和"内部"（即欧盟境内）恐怖分子的司法和警察合作。为列出成为金融制裁目标的人，欧盟设立了一个称为"特别论坛"的新机构，负责执行具体措施。共同立场的附件列出了该文件所针对的参与恐怖主义活动的个人、组织和实体。共同立场表明将至少每 6 个月定期审查名单。内部市场和共同外交与安全政策

---

① Council Common Position of 27 December 2001 on combating terrorism, OJ L 344, 28.12.2001.

② Council Common Position 2001/931/CFSP of 27 December 2001 on the application of specific measures to combat terrorism, OJ L 344, 28.12.2001.

领域的连接条款是《针对某些个人和实体采取具体限制措施以打击恐怖主义的理事会条例》①（2580/2001/EC），它界定了要冻结的资金和资产，制定了详细的冻结程序，而与本条例相关的理事会第2001/927/EC 号决定②则列出了上述条例适用的个人和实体。从内容来看，欧盟的一般金融制裁制度与联合国措施，特别是联合国安理会第 1373 号决议的高度一致。

欧盟资产冻结制度的两个组成部分都已明确，使欧盟能够符合联合国通过的对可疑恐怖分子的金融制裁。欧盟制裁名单的有关规定和跨支柱的回应模式，体现了当代恐怖主义活动的跨境属性。制裁制度的快速通过和内、外制度的重叠性，一方面体现了欧盟对安全威胁的重视，对联合国代表的多边反恐机制的尊重和认可。另一方面，考虑到联合国多边反恐金融制裁模式出台过程的仓促和个别国家意见的主导，以及实施过程中遭遇的问题和非议，也意味着反恐资产冻结这种制裁制度及其具体规定，也许并不是最适合欧盟的反恐机制。

四 欧盟与联合国金融规则一致的原因

笔者认为，欧盟决定与联合国制度保持一致的关键因素是欧盟认可以联合国为中心的有效多边主义反恐模式。近年来，欧盟已将"有效的多边主义"作为支撑其外交和安全政策的主要原则之一，

---

① Council Regulation (EC) No 2580/2001 of 27 December 2001 on specific restrictive measures directed against certain persons and entities with a view to combating terrorism, OJ L 344, 28.12.2001.

② 2001/927/EC: Council Decision of 27 December 2001 establishing the list provided for in Article 2(3) of Council Regulation (EC) No 2580/2001 on specific restrictive measures directed against certain persons and entities with a view to combating terrorism, OJ L 344, 28.12.2001.

支持联合国在处理国际安全事务方面的核心作用。

（一）有效多边主义被视为欧盟对外关系的基本原则

　　欧盟对多边主义的承诺可以被视为"自成立以来欧盟对外关系的一项基本原则"①。欧盟已经在一系列重要文件中明确这一承诺，尽管它没有说明有效多边主义可能带来什么②。自 2003 年以来，除欧洲法院之外，所有主要的欧盟机构都在政治上赞同"有效的多边主义"作为欧盟外交和安全活动的核心原则，强调联合国在国际安全事务中的关键作用。在 2003 年 12 月欧洲理事会批准的《欧洲联盟和联合国：多边主义的选择》中，提出了欧盟承诺多边主义作为其外部政策的定义原则，并强调了欧盟成为"联合国系统的中心支柱"的雄心。这尤其体现在"在早期采取果断行动，在欧盟一级实施关键的联合国措施"方面。欧洲议会还在 2004 年 1 月通过的一项决议中表示支持多边主义，重申多边主义是实现全球和平与安全的最佳工具。呼吁加强欧盟和联合国之间的合作，以解决国际社会今天面临的主要威胁，例如国际恐怖主义。此外，最具政治意义的支持是以联合国为中心的"有效的多边主义"作为欧盟外交和安全政策的核心原则。欧盟对以联合国为中心的"有效的多边主义"的承诺不仅是措辞。在检查各种统计指标时也很明显。欧盟及其成员国共同构成联合国系统的最大捐助国，捐款几乎占联合国经常预算的 40%。③

---

① J.Wouters, S.De Jong, and P.De Man, "The EU's Commitment to Effective Multilateralism in the Field of Security, p.Theory and Practice", *Yearbook of European Law*, Vol.29, Issue 1, 2010, p.165.

② R. Kissack, *Pursuing Effective Multilateralism, The European Union, International Organisations and the Politics of Decision Making*, Basingstoke: Palgrave Macmillan, 2010.

③ Sarah Léonard and Christian Kaunert, "Between a rock and a hard place?" The European Union's financial sanctions against suspected terrorists, multilateralism and human rights, *Cooperation and Conflict*, Vol.47, 2012, p.482.

欧盟对多边主义的承诺通过《里斯本条约》于 2009 年 12 月 1 日生效而得到进一步加强，该条约在欧盟条约中首次提及多边主义。特别是第 21 条第 1 款规定，欧盟 "应推动以多边方式特别是在联合国框架内解决共同问题"[①]，而第 21 条第 2 款第 8 项将 "推动基于更强有力的多边合作及全球良治的国际体系"[②] 作为欧盟共同活动和政策的目标之一。因此，欧盟对以联合国为中心的有效多边主义的承诺不仅是政治概念，而且是欧盟在国际关系所有领域活动的目的之一。

（二）欧盟反恐政策对有效多边主义的支持

欧盟对多边主义的承诺及其对联合国的支持在反恐领域也有充分的体现。前文论述的欧盟迅速而且不加修正的采取行动，在欧盟内部执行联合国安全理事会关于冻结恐怖主义资产的决议，并与联合国有关机构的工作就此问题开展充分合作，正是欧盟对有效多边主义支持的充分体现。

这种以联合国为中心的多边方法的强调可追溯到欧盟在 "9·11 事件" 之后开始进行反恐努力的时候[③]。早期的欧盟反恐文件都呼吁批准和执行关于恐怖主义的各项国际公约和联合国《制止向恐怖主义提供资助的公约》[④] 和安理会冻结恐怖主义资产的决定。《欧盟反恐战略》也特别强调了多边反恐方法的重要性以及联合国在这一政策领域的关键作用，特别指出："（《欧洲安全战略》）规定，

---

① 《欧洲联盟基础条约：经〈里斯本条约〉修订》，程卫东、李靖堃译，社会科学文献出版社 2010 年版，第 43 页。

② 同上。

③ Javier Argomaniz, "Post-9/11 institutionalisation of European Union counterterrorism, p.emergence, acceleration and inertia", *European Security*, Vol.18, 2009, p.157.

④ 《制止向恐怖主义提供资助的公约》，联合国大会第 54/109 号决议，2002 年 4 月 10 日生效。

欧洲联盟通过其外部行动承担起促进全球安全和建设一个更安全世界的责任。欧盟将通过并与联合国和其他国际或区域组织合作，努力建立国际共识，促进打击恐怖主义的国际标准。欧盟将推动联合国的努力，发展打击恐怖主义的全球战略。"[①]2008 年 7 月通过的对《关于打击资助恐怖主义的战略》的修订再次强调，"联盟应继续促进普遍遵守联合国安全理事会有关决议、（金融行动工作队）建议、联合国决议，充分执行联合国《全球反恐战略》，批准和执行其他相关国际和区域公约"。

正是这种以"联合国为中心"的"有效多边主义"形式的承诺导致欧盟采取了上文讨论的金融制裁措施。欧盟愿意作为联合国安理会的示范性执行者。反恐金融制裁措施实施过程中，欧盟的主要目的是监督和协助那些没有资产冻结安排的成员国,确保它们履行。第 1373 号决议还成立了反恐委员会，以便审查联合国成员国为执行该决议而采取的行动。如果欧盟成员国未能充分执行联合国安理会第 1373 号决议，将损害欧盟作为有效的多边主义支持者在国际社会的形象。

五　欧盟反恐金融制裁的新发展

欧盟金融反恐制裁法律的新发展是 2016 年 9 月 20 日欧盟理事会通过的《对"伊斯兰国"和"基地"组织及其相关人员，团体，企业和实体限制措施的条例》[②]（2016/1693/CFSP）和《对"伊斯兰国"

[①]　Council of the European Union, The European Union Counter-Terrorism Strategy, 14469/4/05 REV 4, p.7.

[②]　Council Decision (CFSP) 2016/1693 of 20 September 2016 concerning restrictive measures against ISIL (Da'esh) and Al-Qaeda and persons, groups, undertakings and entities associated with them and repealing Common Position 2002/402/CFSP, OJ L 255, 21.9.2016.

和"基地"组织及其相关的自然人和法人，实体或机构实施额外的限制措施的条例》[①]（2016/1686/CFSP），对该条例附件 I 中列出的个人和实体实施资产冻结。

欧盟理事会冻结恐怖主义资产的新决定有两个目标。其一，继续实施和转换联合国安理会制裁名单上指定的"伊斯兰国"和"基地"组织的同伙和支持者的制裁。其二，扩大欧盟自主制裁的权力。除了联合国安理会所列的人员和实体之外，它还能对与"伊斯兰国"和"基地"组织或其任何组织有关的人采取"自主"限制措施，并将其列入理事会附件。新的条例赋予了欧盟在反恐金融制裁方面更广泛的权力。欧盟可以对参与策划或实施恐怖主义袭击，或向恐怖组织提供资金、石油或武器，或接受恐怖主义培训的个人和实体自主进行制裁。[②]该决定的出台，意味着欧盟在反恐问题上将更加独立，采取自己的标准。即使有关组织和个人并未进入联合国的制裁名单，欧盟也能在联盟层面对其采取制裁措施，加强控制。从决定内容来看，欧盟的制裁名单有如下特点。

其一，外国恐怖主义战斗人员是其主要约束对象。按照该决定，欧盟制裁措施的对象是那些参与计划或实施恐怖主义袭击，或是从"伊斯兰国"和"基地"组织接受恐怖主义训练的人。个人还会因为向"伊斯兰国"或"基地"组织提供资金、石油、武器；直接招募人员或是通过公开挑衅或其他活动来支持这些组织而被列入制裁名单。具体行动范围与《欧盟打击恐怖主义指令》对恐怖主义定义

[①]　Council Regulation (EU) 2016/1686 of 20 September 2016 imposing additional restrictive measures directed against ISIL (Da'esh) and Al-Qaeda and natural and legal persons, entities or bodies associated with them, OJ L 255, 21.9.2016.

[②]　European Parliamentary Research Service, "Counter-terrorist sanctions regimes Legal framework and challenges at UN and EU levels", Briefing, October 2016, p.7.

是一致的，除了实施恐怖主义犯罪的人员之外，直指外国恐怖主义战斗人员。对于在欧盟境外，与"伊斯兰国"和"基地"组织恐怖活动有关的欧盟公民，只允许他们从母国入境，不能进入其他欧盟国家。

其二，将外来威胁挡在欧盟境外。按照制裁令的内容，被欧盟列入"制裁"黑名单的，与宗教激进主义有关的非欧盟公民个人和实体，将不得进入欧盟境内，他们在欧盟境内的资产也将被冻结。同时，欧盟公民对其给予资金支持的行为被认定违法。这就将危险挡在了欧盟境外，避免外来恐怖分子对内部安全造成威胁，在具体行动方面阻断内外恐怖分子的联系，并在一定程度上对外部恐怖分子的行动进行限制。

整体而言，欧盟通过采用自己的金融制裁制度，以配合联合国的制度。欧盟自愿决定在 2001 年和 2002 年向欧洲委员会提交关于联合国安理会第 1373 号决议执行情况的共同欧盟报告以及所有欧盟成员国的国家报告[①]也证实了这一点。欧盟的目的是表明其对多边主义的承诺和联合国在遏制国际恐怖主义中的核心地位。

第三节　欧盟反恐金融制裁的性质争议

在欧洲法院，欧盟反恐金融制裁遭受了违反基本权利，特别是司法审查权的批评。最大的争议在于反恐金融制裁措施的性质，究竟是刑事制裁，还是临时性紧急措施。其性质的确定事关这一制度应该承受的影响评估和提供的人权保护标准。笔者认为，欧盟反恐

---

① K. Eling, "The EU, Terrorism and Effective Multilateralism", In D. Spence, *The European Union and Terrorism*, London: John Harper, 2007, pp.111–112.

金融制裁性质复杂。一方面，该制度具有某些刑事制裁的特性，从制裁的严厉性和对制裁目标的影响来看，应该适用《欧洲保障人权和根本自由公约》（以下简称《欧洲人权公约》）第6条[1]关于公平审判权利的相关规定。但相关实践表明，欧盟不愿意该制度被认为是刑事处罚。通过避免被称为刑事处罚，欧盟反恐金融制裁逃避合法性和正当程序方面更高的要求。从成员国对反恐金融制裁的适用来看，欧盟反恐金融制裁体现了预先性防卫的特点。

一　制裁定性与实际影响不相称

欧盟机构将反恐制裁定性为预防性行政措施而不是刑事处罚。[2] 在 Sofiane Fahas 案中，列名本身不被视为刑事指控："……是国家主管当局的决定的结果，并不构成刑事处罚。其唯一目的是使理事会能够有效地打击资助恐怖主义的行为。"[3] 法院还认为"采取预防措施……不构成制裁或以任何方式预先判断采取这些措施的人无罪或有罪。"[4] 这种态度体现了联合国安理会的立场。联合国安理会在 2011 年第 1822 号决议的序言中表示，制裁是预防性的，不依赖国内法规定的刑事标准。[5] 但是联合国安理会决议引发了广泛争议。因为反恐制裁的持续时间很长，许多人被列入名单的时间长达 10 年甚至更久。[6] 这种预防性行政措施的性质越来越有争议。

---

① 欧洲人权法院：《欧洲保障人权和根本自由公约》（根据第 11 议定书及第 14 议定书修订版），第 8 页。

② The Preamble to the UN Security Council Resolution 1822, 30 June, 2008.

③ GC, Case T-49/07 Sofiane Fahas v Council [2010] ECR II-5555, para 68.

④ GC, Case T-49/07 Sofiane Fahas v Council [2010] ECR II-5555, para 64.

⑤ Security Council Resolution 1822, 30 June, 2008.

⑥ 卡迪被列入名单 11 年。2012 年 10 月才从联合国制裁名单中除名，随后被欧盟制裁名单除名。

人们认识到这种方式对所列人员生活造成破坏性影响。与联合国安理会冻结恐怖主义资产决议保持高度一致的欧盟反恐金融制裁受到了广泛谴责，不仅遭到了学者的批评①，司法当局也批评无限制的持续时间和制裁的严重后果，严重干扰个人的基本权利。②法院也对这种漫长的"预防"措施表示了怀疑，认为"10年事实上代表了人类生活的一个相当长的时间"。③联合国人权事务高级专员对此争议的看法指出了措施性质的核心问题："因为个人名单目前是开放的，它们可能导致临时冻结资产成为永久性冻结资产，反过来可能导致因制裁的严厉程度而构成刑事处罚。这有可能远远超出联合国打击恐怖主义威胁个别案件的目的。此外，在证据标准和程序方面没有统一性，这造成严重的人权问题，因为所有的惩罚性决定都应该是刑法性质的，或者应该接受司法审查。"④从这些方面来看，欧盟反恐金融制裁具有一定刑法性质，实践中应该提高人权保护的标准，进行影响评估。如果欧盟的实践依然将其作为紧急行政措施对待的话，是对欧盟人权保护和法治的损害。

二 是行政措施还是刑事处罚

虽然欧盟反恐金融制裁相关立法并未明确制裁的性质，但如果将制裁视为临时性行政措施的话，在实践中会造成许多问题。仅从

---

① I. Cameron, The European Convention on Human Rights, Due Process and United Nations Security Council Counter- Terrorism Sanctions, Report to the Council of Europe, http://www.coe.int/t/dlapil/cahdi/Texts_&_Documents/Docs%202006/I.%20 Cameron%20Report%2006.pdf.
② GC, Case T-85/09 *Kadi II* [2010] ECR II - 5177.
③ GC, Case T-85/09 *Kadi II* [2010] ECR II - 5177, para. 150.
④ Report to the General Assembly of the United Nations, Report on the protection of human rights and fundamental freedoms while countering terrorism, A/HRC/12/22, 2009, point 42.

反恐金融制裁对制裁对象的影响来看，其严厉程度只能使其被归类为刑事制裁范畴。因为反恐金融制裁对所列个人的权利会带来严重的影响。受制裁的人会被公开标注为恐怖分子，其资产会被冻结，失去生活来源。按照欧洲法院的有关案例，有这样记录的个人无法获得工作机会。考虑到自"9·11事件"之后欧盟采取的制裁措施中除名程序的倾向，被列名会对制裁对象的生活产生持久的影响。简而言之，如果冻结措施无限期地持续下去，它们在侵犯人权方面的影响几乎无法与刑事定罪后的没收相区分。此外，还有其他适用后果表明制裁对个人生活造成更大的破坏性影响。部分成员国在适用欧盟金融反恐制裁规则时，明确将列名人员排除在外，不作为难民接收。[1]欧洲法院裁定，将个人排除在难民身份之外必须根据具体情况决定，但明确表示某人是否犯下"严重的非政治罪行"或"违反联合国原则的行为"是评估某人是否能获得难民资格的"考虑因素"。

将反恐金融制裁的性质判断为刑事处罚，对保护人权能起到一定作用。一方面，刑事诉讼中提供的程序保障措施更强，能为相关人员保护自己的合法权利提供更强有力的程序保障救济。另一方面，刑事措施要经过更严格的影响评估。对刑事措施的影响评估与对紧急行政措施的影响评估的水平是不一样的。[2]虽然《欧洲人权公约》第6条第1款[3]对所有审判都适用，但第6条第2、3款仅适用于

---

① CJEU, C-57/09 and C-101/09, Bundesrepublik Deutschland v B and D, 9 November, 2010.

② C. Christina Eckes, "EU counter-terrorist sanctions, p.the questionable success story of criminal law in disguise", in C. King and C. Walker, *Dirty assets:emerging issues in the regulation of criminal and terrorist assets*, Farnham: Ashgate, 2012.

③ 欧洲人权法院：《欧洲保障人权和根本自由公约》（根据第11议定书及第14议定书修订版），第8页。

刑事审判，对被告提供了更多最低限度的权利，例如无罪推定原则上只适用于刑事诉讼。因此，即便是只考虑反恐金融制裁措施的强度及其对被列名对象的实际影响，都应该给予制裁人员更加充分的人权保护和更充分的请求救济的法律基础。

但是，考虑相关实践和立法，将反恐金融制裁的性质认定为刑事处罚存在一定困难。一方面，欧洲法院对这个问题并没有一直保持同样的态度。在卡迪 II 案的判决中欧洲法院认为，对"基地"组织制裁作为"临时"制裁的陈述可能需要修正，指出需要解决"将有关措施分类为预防性或惩罚性，民事或刑事的问题"。然而，在前文提到的 Sofine Fahas 案中，法院再次回到制裁是"预防"和"不意味着任何指控具有犯罪性质"的说法上来。另一方面，反恐金融制裁的预防性和临时性特点，以及制裁的目的似乎不太符合刑事处罚的性质。因此，反恐金融制裁的性质与刑事处罚也不完全相符，不太可能触发根据《欧洲人权公约》第 6 条和第 7 条在刑事案件中提供的较高级别保护。

实践中，欧盟反恐金融制裁在执行条款方面也是模糊的。为了规避对制裁制度性质的疑问，欧盟有关联合国和欧盟制裁名单的条例使用了"应禁止"的措辞。两者都指出，处罚的确定是成员国的问题，但要求它们"有效、适度和具有劝阻性"。[①] 无论是否考虑到刑事处罚，使用这样的措辞都是要求成员国应该采取行动。从多边层面来看，虽然欧盟制裁名单没有具体的规定，但是按照联合国相关决定的要求，需要国家对此立法。这种规定对欧盟法治有明显的影响。欧盟法律秩序的一个特点是欧盟只有在被赋予权力时才能行动。而按照前文的分析，在《里斯本条约》通过之前，欧盟反恐金

---

① C-68/88, Commission v Greece [1989] ECR 2965.

融制裁的法律基础是存在疑问的。这种模糊的性质为欧盟法治带来了不确定性。

三　是预防措施还是临时制裁

欧盟的反恐立法也可以为执法合作和预防方面权限的扩张提供基础。一般情况下，阻止恐怖主义获得资金支持逻辑上需要满足两个条件：第一，冻结资产将与刑事调查关联；第二，调查将涉及明确界定的与恐怖主义有关的犯罪。由此，在对个人提起刑事诉讼之前，国家可以冻结其资产，以防止其分散或用于犯罪活动；或者国家可以在成功定罪之后没收犯罪者的资产。不过这两种情况都不能准确描述欧盟的反恐金融制裁制度。与上述普遍意义上的制裁启动逻辑不同，欧盟反恐金融制裁是基于"怀疑"，因为"怀疑"个人或实体"可能"与恐怖主义犯罪活动有关联而冻结资产。因此，欧盟反恐金融制裁的核心意义是预防。

按照合法性原则，如果要制定一个临时制裁制度，那么只能根据其与明确界定的罪行的"联系"来指明个人、组织或实体。在欧盟，这个法律基础是反恐刑法提供的定义。《欧盟打击恐怖主义指令》中的"恐怖主义行为"和"恐怖组织"的定义是整个欧盟反恐法的基础。同时，有必要单独考虑联合国和欧盟的制裁名单。实际上，尽管实施联合国制裁名单的共同立场包含欧盟对恐怖主义的定义，但是个人的活动、恐怖主义定义以及根据制裁制度被列入名单之间并没有因果关系。正如前文所论，直到 2016 年欧盟扩大自身列名权限的条例出台之前，欧盟冻结恐怖主义资产的名单只是忠实反映了 1267 委员会的名单内容，以及根据国家当局提供的材料开展工作。如果 1267 委员会本身在明确的恐怖主义定义的基础上运作，那么这几点之间可能建立因果关系，符合合法性原则。联合国安理会第1822号决议第2条曾就恐怖主义活动指出,如果涉嫌参与、资助、规划、协助、准备或实施以其名义、代表或支持的行为;供应、销售或转让武器;招聘或以其他方式支持"基地"组织、本·拉登或塔利班的行为或活动,或参加任何小组、附属机构、分裂团体或其衍生组织,可以将某人定为目标。但是,1267委员会的工作模式不是在这种标准上运作的,而是根据国家的要求列出个人。在卡迪案中,列名请求来自美国财政部。根据美国财政部行政规则,是基于美国法律中的定义将其列入制裁名单。但是,卡迪是被怀疑支持恐怖主义,其行为是否符合联合国安理会第1822号决议所载的定义并没有可靠的证据。而且,也没有证据显示他的行为符合在欧盟法中恐怖主义的定义。从这点来看,欧盟的冻结资产制裁制度在很大程度上受美国的影响。美国通过其对国际事务和安理会决策的影响,将本国的有关反恐标准、反恐目标和具体主管当局的要求,通过1267委员会由欧盟在其范围内执行。就其性质而言,这种在没有可靠证据基础上采取紧急控制措施的模式,已经超出了对预防的一般理解。

四 控制性的预先性防卫

笔者认为,反恐金融制裁超出了预防的范畴,具有一些刑事制裁的性质,但起诉和惩罚并不是反恐金融制裁的目的。整体而言,该制度更多地体现了预先性防卫的特点。它使用行政权力对个人采取强制措施,同时避免对制裁对象受到的影响负责任。反恐金融制裁,更多地体现了欧盟通过"控制"恐怖主义来实现安全目标的倾向。

(一) 行政权力的强化

欧盟反恐行动中一个反复出现的特点是扩大行政机关和行政

行为者的权力，但对问责机制的规定很少。根据国家政府的请求添加联合国制裁名单，国家行政机关根据警察情报机构的信息行事都属于此类。在联合国安理会第 1989 号决议通过之前，除名请求需要成员国政府的支持才能成功。在欧盟范围内，国家当局对除名请求的反应不一。有些国家，例如瑞典 ① 会为此进行大量活动，但有些国家不会对这种要求提供多少支持。没有国家政府的支持，一个人难以从联合国制裁名单中除名。除名过程的改进消除了必须要政府对除名支持的规定，但保留了联合国安理会默许除名的必要性。欧洲法院在卡迪 I 案中阐述了被列名人员的权利。但在联合国层面，被列名人员的权利没有得到有效的保障。

在欧盟反恐金融制裁实践中，行政机关和行政权力也很突出。名单是根据国家主管当局的决定添加的。理想情况下，这应该是一个司法机关，但是有些案件中，可能是国家主管当局之外其他执行机关的决定。这意味着反恐金融制裁更多地体现为一种控制系统，利用所有形式的权力来实现特定目的。

（二）违反无罪推定原则

无罪推定是欧洲人权法的一个关键原则。② 然而，反恐金融制裁制度明显违反了这项原则，将犯有或怀疑犯有恐怖主义犯罪的人的罪责转移给予他们"相关"的人。此外，制裁名单存在的另一个重要问题是基于事实上的有罪推定。任何要求除名的人必须提交证据，证明他们不再符合列名的准则。③ 这与刑法的基本原则截然相反。

---

① Cian C Murphy, "The Principle of Legality in Criminal Law under the ECHR", *European Human Rights Law Review*, Vol.2, 2010, p.192.

② ECHR, Art 6(2)；EU Charter, Art 48.

③ 1267 Committee, Guidelines of the Committee for the Conduct of its Work, S7(d).

违反无罪推定的立法和实施行为可以通过发布名单的行为得到充分体现。在 Allenet de Ribemont 案中，法国政府和检察机关的成员在电视上高调宣布谋杀案的罪犯被逮捕。欧洲人权法院认为，这种行为虽然不是正式提出指控，也违反了无罪推定。[1] 因此，联合国安理会对有关案件的陈述并不符合无罪推定原则的要求。例如"根据联邦检察官的调查，有充分的理由相信，HARRACH（被列名的个人）自 2007 年 3 月以来一直是'基地'组织的成员。他通过'基地'组织媒体办公室分发出的威胁，证明他作为'基地'组织成员参加其恐怖主义活动的意愿"。[2] 这样的公开声明肯定违反了 Allenet de Ribemont 案的裁决精神。虽然欧盟本身不对联合国安理会的行动负责，但难以说明其通过遵循联合国安理会要求实施制裁的行为符合无罪推定原则。此外，联合国发表这些叙述性措辞的具体目的也不明确。虽然这些措辞不是正式指控，但是按照联合国代表的冻结恐怖主义资产措施的行事模式，这些不具有司法效力的措辞完全可能带来实践中的法律后果。因为，1267 委员会可以将这些陈述性措辞转交有关的国家当局，以便向有关个人和实体通报其列名的原因。因此，将信息发布到公共领域，实际上的效果是通过发布关于个人的高度贬义的陈述作为证明的事实来获得公众对制裁系统的支持。1267 委员会网站发布的消息充满了这种未得到验证的叙述性陈述。其背后的逻辑是只要能加强反恐行动，就采取这种方法为采取的行动辩护。从法律角度来看，这种行事方法会减损制裁措施的合法性。从另一个角度来看，它剥夺了个人根据法律规

---

① Allenet de Ribemont v France [1995] 20 EHRR 557.

② Security Council, Security Council Al-Qaida and Taliban Sanctions Committee Adds Name of One Individual to Consolidated List, 28 May, 2009, https://www.un.org/press/en/2009/sc9667.doc.htm.

定理当得到的保护。

（三）金融制裁用作控制手段

从预先性防卫的角度考虑，最后一个因素是制裁的实际效果。通过使其丧失能力进行控制是预先性防卫的中心原则。有针对性的资产冻结制裁意味着个体能力的丧失。反洗钱立法有定罪目的，但是制裁制度却没有，更多地体现为一种控制手段。以 Ayadi 案为例。爱尔兰当局拒绝给 Ayadi 先生发放出租车许可证，因为发放这种许可证并允许他作为出租车司机，意味着允许他在违反制裁制度的情况下获得经济资源。初审法院指出，Ayadi 先生没有工作。当局冻结他的工资，他和他的家人的生存将依靠国家支持。[1] 这种控制对政治组织的影响可能更严重。对于一个政治组织，冻结资产和相关制裁会让组织走向消亡。从这些方面来看，反恐金融制裁正是为了尽可能消灭对恐怖主义活动的一切支持才设立的。

值得注意的是，这种严厉的控制措施很可能无法对真正致力于政治暴力的团体产生很大影响。从历史上看，很少有证据表明英国和爱尔兰政府的禁令对 20 世纪 80 年代北爱尔兰共和军的活动产生了什么影响。[2] 因此，通过在金融制裁名单中列入政治组织，欧盟冻结资产制裁的实际效果是缩小了政治辩论在欧洲的空间，而不是影响恐怖组织和恐怖分子的活动能力，没有达到安全效果。因此，有针对性的制裁实际上结束的是个人的生存和活动能力，而不是遏制暴力恐怖袭击。

---

[1] T-253/02 Ayadi v Council [2006] ECR II-2139.

[2] Marques da Silva and Cian C. Murphy, "Proscription of Organisations in UK Counter-Terrorism Law", in Cameron, *Legal Aspects of EU Sanctions*, Mortsel: Intersentia, 2012, note 138.

第四节　欧盟反恐金融制裁的效果评估

一　制裁方法受到质疑

反恐金融制裁主要采用的是列名冻结资产的方法。这种模式引起的一个主要问题是，名单在准确性方面的不足会影响实施的效果。由于名称的微小变化，目标个人和实体可能逃脱控制。相反地，如果不够严格明确，制裁系统可能容易被错误匹配的数量所淹没。这在实践中引发了正当程序和可执行性的问题。

目前的反恐融资制度在针对性和技术方面也存在问题。因为恐怖组织或恐怖分子可以通过增加正常的金融交易模式，例如以匿名方式提供现金[①]来避免追查。因此，也有观点认为没有任何证据表明反恐金融制裁对反恐具有重大作用。而且，目前的"政治声明"的方法会引起涉案人员的警惕，实际上可能会使遏制资金流动的任务更加困难。

二　制裁实效不明显

整体来说，欧盟反恐金融制裁的效果并不令人满意。欧盟能够冻结名单上列出的资产。但是，在与名单无关的团体方面没有那么成功和有效。[②]而且，即使涉及与"伊斯兰国"、"基地"

---

① William Vlcek, "Securitization beyond Borders: Exceptionalism Inside the EU and Impact on Policing beyond Borders European Measures to Combat Terrorist Financing and the Tension Between Liberty and Security", Challenge Working Paper, Work Package 2, September, 2005, p.18.

② Michael Jacobson, Combating Terrorist Financing in Europe: Gradual Progress, 26 March, 2007, http://www.washingtoninstitute.org/policy-analysis/view/combating-terrorist-financing-in-europe-gradual-progres.

组织或塔利班有关的实体，关于在欧盟内冻结的资产的确切数字也难以确认。2002 年 4 月，《金融时报》的一项特别调查显示，自从美国"9·11 事件"以来，欧洲国家冻结了近 3500 万美元的恐怖分子资产。[①] 根据美联社 2004 年 3 月的新闻报道，欧盟各银行据称冻结了属于恐怖团体的近 200 万美元资产。[②] 美国财政部 2004 年 1 月的新闻稿说，由于美国及其盟国的努力，最少 1.39 亿美元的资产被控制，并声称美国已与其他政府合作截获超过 6000 万美元。[③] 前美国财政部副部长表示这一数额的 75％ 已被美国当局冻结。[④] 如果这些数字大致正确，似乎从实施初期的效果来看，欧盟冻结恐怖主义资产的行动效果并不明显。虽然有观点认为，欧盟关于查明和破坏资助恐怖主义机制的行动的有效性不应仅仅根据冻结或没收的数额来判断，还必须考虑到它对恐怖组织及其行动方法的影响，以及欧盟作为一个整体决定宣布一个集团或个人为恐怖主义的政治影响。制裁措施减少了恐怖分子和恐怖组织滥用金融机构的可能性，使某些组织更难筹集和转移资金。[⑤] 但是，确定上述措施是否对恐怖分子进行攻击的能力有重大影响是相当

---

① Oldrich Bures, "Ten Years of EU's Fight against Terrorist Financing: A Critical Assessment, Intelligence and National Security", Vol.30, Issue 2-3, p. 223.

② Robert Wielaard, "EU Proposes Terrorist Database Following Madrid Bombings, Criticizes Foot-Dragging Since September 11", The Associated Press, 18 March, 2004.

③ US Department of the Treasury, Treasury Announces Joint Action with Saudi Arabia Against Four Branches of Al-Haramain in the Fight Against Terrorist Financing, 22 January, 2004, https://www.treasury.gov/press-center/press-releases/Pages/js1108.aspx.

④ The Seventh Report of the Analytical Support and Sanctions Implementation Monitoring Team, S/2007/677, November, 2007, p.45；The Eighth Report of the Analytical Support and Sanctions Implementation Monitoring Team, S/2008/324, May, 2008, p.19.

⑤ Council of the European Union, The Fight against Terrorist Financing, http://www.consilium.europa.eu/uedocs/cmsUpload/16089fight_against_terrorist_financing.pdf, p.2.

困难的。^①此外，根据欧洲战略情报和安全中心的报告，冻结数以百万计的恐怖分子资产的真正影响往往被高估，因为准备恐怖主义攻击可以绕开主管当局的追踪，进行微额供资来资助恐怖主义。^②在联合国分析报告的第一份报告中，提交人认为：2001 年 9 月 11 日的复杂攻击需要大量资金，总额超过 6 位数。但是其他恐怖主义行动远不需要这么多资金。^③因此，冻结资产对反恐的积极作用并不明显。

三 制裁对欧盟的针对性不足

欧盟的反恐金融制裁制度深受美国影响。但实际上，欧盟面临的恐怖威胁与美国不太相同。欧盟内部更活跃的是本土恐怖分子，而他们开展恐怖袭击的费用相对较少。关于恐怖主义活动的现有数据显示，欧洲的传统国内恐怖主义团体不需要大量资金进行致命的攻击。^④在欧洲实施恐怖袭击的宗教极端主义团体的活动也有同样的特点。2004 年的马德里爆炸事件的成本大约为 2000 美元，2005 年 7 月伦敦地铁爆炸袭击的成本低于 8000 英镑^⑤。近年来，欧洲

---

① Council of the European Union, The Fight against Terrorist Financing, http://www.consilium.europa.eu/uedocs/cmsUpload/16089fight_against_terrorist_financing.pdf, p.3.

② Laurence Thieux, "European Security and Global Terrorism: The Strategic Aftermath of the Madrid Bombings, Perspectives", *The Central European Review of International Affairs*, Vol.22, 2004, p.62.

③ UN Analytical Support and Sanctions Monitoring Team. First Report of the Analytical Support and Sanctions Monitoring Team Appointed Pursuant to Resolution 1526, Concerning Al-Qaida and the Taliban and Associated Individuals and Entities, 2004, p.12.

④ Laura Donohue, *The Cost of Counterterrorism, p.Power, Politics, and Liberty*, Cambridge University Press, 2008, p.128.

⑤ Home Office, The Report of the Official Account of the Bombings in London on 7 July 2005, http://www.official-documents.gov.uk/document/hc0506/ hc10/1087/1087.pdf.

的恐怖组织的资金来源和行事模式有所调整，行动更加多元化，恐怖袭击所需资金较之以往更少，但是能够造成大规模的人员伤亡和公共财产损失。据高级反恐官员表示，即使把武器、爆炸物、住房和交通工具全部考虑在内，2015 年巴黎恐怖袭击的整个行动成本可能不会超过 10000 美元。[①] 近几年引起注意的独狼式恐怖袭击花费更少，2016 年 7 月尼斯恐怖袭击中，袭击人 Mohamed Lahouaiej-Bouhlel 故意驾驶一辆 19 吨重的卡车进入人群，所付出的袭击成本就是租用卡车的费用，每天不到 300 欧元。[②] 据德意志银行对欧洲过去 20 年 40 起圣战袭击事件的分析表明，大部分资金来自罪犯的自有资金，75％的袭击事件总共花费不到 10000 美元。[③]

从整体来看，欧盟反恐金融制裁制度虽然是临时措施，但却会导致惩罚效果，也会遏制人权。欧盟反恐金融制裁的国际法基础——联合国系统，在 2006 年被描述为"金融关塔那摩"。[④] 从冻结资产对具体个人的实际影响来看，这种措辞并不夸张。面对这种强制性控制，目标个人在受到制裁的情况下无法进行普通生活，而且这种生活可能持续 10 年以上。值得注意的是，这种制裁措施可以造成比欧盟反恐刑法所规定的参加恐怖主义集团的犯罪的最低刑期更

---

① Robert Windrem, "Terror on a Shoestring: Paris Attacks Likely Cost $10,000 or Less", nbcnews, 19, November, 2015, https://www.nbcnews.com/storyline/paris-terror-attacks/terror-shoestring-paris-attacks-likely-cost-10-000-or-less-n465711.

② Will Martin, "One chart shows how little it costs terrorist groups like ISIS to carry out attacks in Europe", 2 December, 2016, Bussiness Insider, https://www.bussinessinsider.com/how-much-do-terrorist-attacks-cost-deutsche-bank-2016-12.

③ Will Martin, "One chart shows how little it costs terrorist groups like ISIS to carry out attacks in Europe", 2 December, 2016, Bussiness Insider, https://www.bussinessinsider.com/how-much-do-terrorist-attacks-cost-deutsche-bank-2016-12.

④ Cian C Murphy, *EU Counter-Terrorism Law, Pre-Emption and the Rule of Law*, Hart Publishing, 2012, p.161.

长的人身限制，却无须审判就可以进行。欧盟反恐金融制裁体现出一种趋势，这种冻结涉嫌恐怖主义资产的控制措施，考虑的问题不是制裁对象是否与过去或目前的恐怖主义活动有关，而是他们今后是否可能这样做。[①] 也就是说，欧盟反恐金融制裁制度，其真正的目的是提前控制，采取行动的基础是"可能性"。这种措辞显然体现出冻结资产行动的基础是对未来活动的预测，而不是对以前行为的评估。

第五节　小结

随着"9·11事件"的发生，安全危机使制裁制度加强了反恐的功能，联合国和欧盟的金融制裁制度开始做出反恐的专门规定，随着恐怖主义的发展及时更新。总的来说，欧盟反恐金融制裁规则具有重视多边主义的特点，但因为对联合国规则的重视而引发了争议。

争议的焦点包括两个方面：第一，欧盟是否有权通过反恐金融制裁规则。前里斯本时代的欧盟基础条约确实没有提供足够的法律基础，但是欧洲法院通过判例解决了这个问题；《里斯本条约》对有关规定的修改则为欧盟采取自主的反恐金融制裁规则创建了条约层面的法律基础。第二，欧盟反恐金融制裁的性质。性质不明确让反恐金融制裁成为欧洲法院最关注的问题之一。通过对《里斯本条约》生效后的欧盟刑法和有关案例的分析，笔者认为，欧盟反恐金融制裁，是欧盟在安全危机之下，为了加强对潜

---

① T-256/07 People's Mojahedin Organization of Iran v Council of the European Union CFI Judgment, 23 October, 2008.

在危险的控制而采取的预先性防卫措施。从形式上看与预防类似，但是比预防措施介入更早，法律基础更加含糊，范围更广泛。从惩罚性后果来看，与刑事处罚有相似之处。但是，它追求的不是起诉和审判，而是控制。欧盟为避免恐怖袭击发生，在反恐金融制裁方面模糊了行为的性质，致力于实践中能够快速便捷地采取控制措施，而不受高标准的人权规则和事前评估规则约束。欧盟采取的这种反恐模式，直接后果是在扩大成员国的权力和各主管当局的行政权力，但没有给涉案人员足够的人权保护和充分救济，导致有关人员和实体的基本权利受到损害。

值得注意的是，就内容而言，联合国的反恐制裁规则很大程度上受到美国的要求和影响。考虑到欧盟对联合国有关规则的尊重和欧盟反恐金融制裁立法与更新的快节奏，欧盟的反恐金融制裁制度并非按照本区域的实际需要来制定的，而是更多地体现了美国所领导的"反恐战争"逻辑。同时，欧盟面临的恐怖主义威胁与美国不同。因此，这种规则在实践中是否能有效遏制欧盟境内的恐怖主义威胁，很难判断。另外，当前的反恐金融制裁规则的发展依然以"9·11事件"后的一系列立法和行动为基础。但是自那以后，恐怖主义袭击的规模和特点已经发生了许多变化。发动一次造成大规模人员伤亡的恐怖袭击，例如2015年11月的巴黎恐怖袭击，所需要的资金较之以往大为减少。而且，资金流动的模式也更加多样化，更具隐蔽性。在这种情况下，反恐金融制裁这一承担着控制和预防双重职能的规则，能否实现其遏制作用，存在疑问。

第五章　欧盟反恐合作机制

欧盟反恐合作一般指的是欧盟反恐法实施层面的刑事司法、警察与情报交流合作。"9·11事件"之后欧盟将反恐作为重要议题，欧盟层面的反恐合作迅速发展起来。近几年，对欧洲重大恐怖袭击的事后调查凸显了欧盟反恐法实施效果不佳、反恐合作不足、情报交流缺乏的问题。新一轮欧盟反恐合作机制的更新越发体现出预先性防卫的特点，重点从传统的逮捕—起诉发展到预防和控制，形式从传统刑事司法合作向建立在大数据基础上的无差别监控和实时情报交流发展。为保护欧盟安全，反恐合作的目标和形式都发生了改变，行政、执法和相关私营行为者被赋予广泛的自由裁量权。当前欧盟反恐合作对监控的重视、监控的广度和实施方式已经对欧盟法治产生了负面影响。

第一节　欧盟反恐合作机制概述

欧盟解除了申根自由行动区的内部边界管制，还有特别的旅行和通信便利，有利于人口的自由流动。这种边境管理制度也为恐怖主义的跨境活动创造了便利。近年来，随着宗教极端主义在欧洲的活跃和恐怖袭击的发生，欧盟成员国加大了打击恐怖主义的力度，开始在欧盟层面进行反恐合作。欧盟认为，加强跨国合作，实现迅速有效的执法行动来预防恐怖主义是至关重要的，对促进反恐信息与情报交流十分重要。

一　欧盟反恐合作机制的性质

（一）成员国是主要的反恐行为者

反恐事项与国家主权和安全紧密相关，十分敏感。因此，传统的反恐行动通常是各国通过自己的渠道单独收集情报，制订计划和采取措施，而不是在跨国平台上进行情报分析、制定战略或采取联合执法行动。欧洲各国对于欧盟层面的反恐行动也抱有这种犹豫和怀疑。以情报共享为例，有些学者认为，因为缺乏信任、担心欧盟的情报共享机制可能与跟美国的相关机制冲突、"搭便车"的风险、丧失影响力或是对情报将被操纵的恐惧，成员国比较不愿意分享情报。[①] 欧盟成员国仍然是信息和情报的主要收集者、生产者和使用者。[②] 因此，各成员国是主要的反恐主体，在反恐的刑事司法、警察与情报合作方面承担主要作用。

（二）欧盟反恐合作机制的补充性和附加价值

欧盟在反恐领域的补充作用在实施层面主要体现为建设联盟层面的刑事司法、警察与情报合作机制，推动各成员国之间的反恐合作与交流。2005 年《欧盟反恐战略》已经明确了欧盟反恐行动的侧重点。作为反恐战略中"起诉"支柱的核心要素，欧盟的主要反恐工作在于促进"信息和情报的收集与分析"，以加强成员国的

---

①　Monica Den Boer,"Counter-Terrorism, Security and Intelligence in the EU, p.Governance Challenges for Collection, Exchange and Analysis", *Intelligence and National Security*, Vol.30, Issue 2-3, 2015, pp.402–419.

②　Björn Müller-Wille, "The Effect of International Terrorism on EU Intelligence Co-operation", *Journal of Common Market Studies*, Vol.46, Issue 1, 2008, p.55.

国家能力。^①欧盟鼓励成员国通过"交换信息和情报"来"遏制恐怖分子"的活动，分析威胁，加强执法部门之间的业务合作。^②此外，欧盟还要推动成员国建立中央情报设施，负责协调情报及其核查工作。^③

获得更全面、及时的反恐情报和支持，是成员国对于欧盟反恐合作机制的期待。基于对情报收集和共享的传统理念，有学者认为，只有在出现明显的附加价值时，例如合作才能产生更好的情报时，国家安全和情报机构才会交换情报。^④欧盟认为，松散的国际情报共享可能导致无法加入关键的"点"^⑤，跨国情报共享能提高预防安全危机的能力，各国情报收集领域的预算或能力有限，国际情报合作可能会创造更多的附加价值。这种模式对较小的、情报收集能力较弱的国家尤其有利。欧盟一直提倡在联盟层面协调各成员国主管当局之间的情报共享，促进情报处理的专业化和情报过程的标准化。有学者肯定欧盟的观点，认为如果在恐怖袭击之后，国内安全机构发现关键信息掌握在另一国的安全机构手中，那将是噩梦。因此，欧盟反恐合作机制的建设和发展得到了成员国的支持，权限和功能不断完善提高。近年来在情报交流方面的发展非常迅速。

---

① Council of the European Union, The European Union Counter-Terrorism Strategy, Brussels, 30 November, 2005.

② Council of the European Union, The European Union Counter-Terrorism Strategy, Brussels, 30 November, 2005, p.12.

③ Ibid..

④ Björn Müller-Wille, "The Effect of International Terrorism on EU Intelligence Co-operation", *Journal of Common Market Studies*, Vol.46, Issue 1, 2008, p.55.

⑤ Peter Gill, "Not Just Joining the Dots but Crossing the Borders and Bridging the Voids: Constructing Security Networks after 11 September 2011", *Policing & Society*, Vol.16, 2006, pp.27–49.

二　欧盟反恐合作的发展

欧盟的申根区域的内部边界解除了管制，欧盟内外旅行和通信较之传统跨境更加便利，也为恐怖分子的跨境活动提供了可乘之机。"9·11事件"后欧洲发生的恐怖袭击也表明，各国需要加强跨国合作预防恐怖袭击，采取迅速有效的执法行动。因此，欧盟在加强反恐刑法的同时也在推动反恐合作的发展，积极构建情报收集和分析机制。后9·11时期欧盟反恐合作的发展整体呈现出以下特点。

（一）加强恐怖主义威胁评估能力

恐怖主义威胁让欧盟对内部安全更加重视。明确识别和分析威胁的能力对维护欧盟内部安全，帮助做出正确决策至关重要。因此，欧盟开始在反恐领域设计相当复杂和全面的威胁评估系统。在这方面，欧盟先是赋予一些机构反恐职能，让它们承担反恐工作。其中最为突出的是欧盟执法合作局和欧洲司法组织。这两个组织在"9·11事件"发生后承担了反恐权能，开始在恐怖主义威胁评估和调查支持方面做出更多贡献。承担反恐工作使欧盟执法合作局和欧洲司法组织进一步扩大了自身的任务范围，确定了欧盟的机构身份。

设置反恐机构之后，欧盟要求相关机构对反恐问题从各个层面进行分析和评估。在这方面，主要有欧盟执法合作局以《欧盟恐怖主义形势与趋势报告》的形式对欧盟内部的恐怖主义威胁进行年度战略评估；由欧盟情报分析中心对面临的国际恐怖主义威胁的演变进行持续分析；由反恐协调员每6个月对欧盟反恐战略做建议报告；由欧洲司法组织做涵盖所有成员国的恐怖主义定罪监测报告以及定期更新关于恐怖主义融资的备忘录。这些重点各异的威胁评估为整个欧盟提供了恐怖主义威胁识别和分析，这是成员国的国家反恐系统单独根本无法提供的，体现了欧盟在反恐领域独特的附加价值，共同构成了欧盟保护内部安全的反恐行动的重要组成部分。这些威胁评估报告标志着欧盟在提高自身反恐能力，朝着特定的联盟层面协调框架迈出了重要的一步。

欧盟的威胁评估能力也存在明显的局限性。一方面，由于欧盟迄今尚未具备自身的业务情报能力，各欧盟机构在查明和分析威胁方面的可靠性和有效性在很大程度上仍然取决于成员国主管当局是否愿意向欧盟提供信息。正如反恐协调员在 2012 年 5 月的建议中提到的，欧盟在这方面仍有很大的改进空间。另一方面，成员国面临的恐怖主义威胁并不平衡。例如，在 2012 年，欧盟执法合作局在欧盟报告了总共 219 起失败、挫败和实施的恐怖袭击事件，但这些事件仅发生在法国、西班牙和英国等 27 个成员国中的 7 个国家。尽管在共同威胁评估方面取得了进展，但国家面临威胁的多样性会导致各国对恐怖主义议题的重视程度完全不同。从决策角度来说，各成员国在同一议题上观点和立场差异较大，不利于对反恐领域采取措施达成一致，不利于欧盟反恐机制的发展和建设。

（二）推动跨国刑事司法协调机制

与美国"反恐战争"的概念相比，欧盟对恐怖主义的定位是犯罪，一直侧重于通过执法打击恐怖主义。因此，促进关于恐怖主义犯罪的刑事司法合作也是"9·11 事件"之后欧盟反恐合作发展的重要领域。在这方面，欧盟的方法主要体现于通过相互承认司法决定的立法，最重要的成果是建立了"欧洲逮捕令"（EAW）机制。

值得注意的是，"欧洲逮捕令"提案的出现和讨论早于"9·11事件"。各国对于该文书在引渡方面的革新性作用的观点差异很大。当时，关于这一敏感领域的谈判已经持续了两年。"9·11事件"为"欧洲逮捕令"的通过提供了政治动力。2002 年 6 月 13 日《打击恐怖主义框架决定》的通过也为欧洲逮捕令的通过带来了重要转机。

"欧洲逮捕令"规定一个成员国的主管当局按照另一个成员国的主管当局的要求逮捕和移交通缉人员，取代了以前关于引渡的欧洲立法，有效地改变了具有严格法律要求的详细司法程序。虽然"欧洲逮捕令"在实施阶段出现了一些问题，但因为它对提高引渡效率的积极作用，在实践中被成员国当局广泛使用，被认为是欧洲反恐斗争中最重要的实践工具。

除了"欧洲逮捕令"之外，欧盟还出台了一系列刑事司法和执法领域相互承认的文件，它们大部分是被恐怖主义威胁引发的安全目标推动的，包括 2003 年《执行冻结财产或证据的框架决定》（2003/577/JHA），2005 年《有关犯罪所得，工具和财产没收的框架决定》（2005/212/JHA），2006 年《决定关于相互承认没收令的框架决定》（2006/783 / JHA），2008 年《欧洲证据保证框架决定》［即《欧洲证据令》（2008/878/ JHA）］。《欧洲证据令》与欧洲逮捕令运行模式有相通之处，允许一个成员国的法官采用另一成员国的执法机关搜查和扣押的用于刑事诉讼的物品、文件和数据。

上述所有推动刑事司法合作的文件都扩大了欧盟各国司法机关实践的范围，提高了刑事司法合作的便利性和效率。从另一个角度来说，它们的运行必然会影响到其他成员国的司法和执法行动，导致了一些争议和抵制。但整体来看，在反恐领域，协调刑事司法合作的机制在实践中得到了更多欢迎。这标志着从传统的政府间合作向超国家形式的协调迈出了明确的一步，是欧盟反恐合作领域的重要成就。

（三）促进信息交流与合作

在欧盟层面还采取了一系列其他立法措施，以促进国家当局在打击恐怖主义方面的跨国合作和信息交流，这包括 2002 年《联合调查小组框架决定》（2002/465/JHA），《理事会关于交换有关恐怖主义罪行的信息与合作决定的说明》（2005/671/JHA），2006年涵盖所有用于刑事调查或犯罪情报活动的信息交换，特别侧重于获取信息的《理事会关于简化执法机关之间信息和情报交流的框架决定》（即《瑞典框架决定》，2006/960/JHA），2007年第二代申根信息系统（2007/533/JHA）的建立，以及2008年《关于加强跨界合作，特别是打击恐怖主义和跨境犯罪的决定》（即《普鲁姆决定》，2008/615/JHA）。

在数据交换方面，成员国执法数据系统实现了部分相互开放，关于执法数据交换的欧盟治理框架尚不完整。例如，数据交换逐渐采用可用性原则，这意味着一个成员国的执法当局应能够自动和畅通无阻地获取其他成员国的所有相关和可用信息，这一原则正是适用于电子指纹、DNA和车辆登记数据的《普鲁姆决定》的。但是，由于国家数据系统之间存在技术困难，该决定仍然没有得到充分实施。

在业务层面，跨境调查仍然存在许多障碍。例如，希望调查其他成员国恐怖主义联络情况的警察仍然依赖于复杂和有限的双边合作协定。虽然联合调查小组可以越过边界，但它们依然需要参加烦琐的事先协议，受其所在地区成员国的法律管辖，并且需要由具有该成员国国籍的成员领导。这可能也会导致联合调查小组团队结构的不稳定。

尽管各成员国对安全问题非常谨慎敏感，在欧盟层面已经有对反恐形势和立法效果的共同威胁评估，制定了具体的合作机制来应对恐怖主义威胁。经过十多年的发展，欧盟层面构建了比较成熟的合作与协调框架，在反恐的某些领域甚至对成员国有拘束力。但是，欧盟在安全问题上的地位并没有改变，依然是辅助性和补充性的。

结合前文的论述也能够发现，虽然存在共同的威胁评估，但理事会的立法与决策仍然受到成员国的国家威胁情况和优先事项的严重影响；虽然已经建立了共同立法平台，但立法背后来自成员国的政治动力才是关键因素；虽然已经建立了共同的体制结构，但欧盟执法合作局和欧洲司法组织仍然无法获得所需的全部信息，反恐协调员更像是观察员和报告员。因此，欧盟在反恐刑事司法合作领域所起到的更多是促进和协调作用。

三　欧盟反恐合作的主要机构

实施层面上看，在欧盟反恐中起到主要作用的机构包括欧盟执法合作局（EUROPOL，前欧洲刑警组织），欧洲司法组织（EUROJUST），欧洲边境管理局（FRONTEX）和欧盟情报分析中心（INTCEN）。从这些机构产生发展的过程来看，反恐并非从一开始就是其主要工作。随着欧盟越来越重视反恐议题，这些机构被赋予了越来越多的反恐职能和权限。

（一）欧盟执法合作局

根据《欧盟运行条约》第 88 条，欧洲刑警组织[①]（欧盟执法合作局前身）的使命是支持和加强成员国警察当局和其他执法部门的行动。在这项任务范围内，它将防止和打击影响两个或两个以上成员国的严重犯罪，包括恐怖主义和影响联盟政策所涵盖的共同利益的犯罪。在 2016—2020 战略周期，网络犯罪、有组织犯罪和恐怖主义被欧盟执法合作局视为主要工作问题。

欧盟执法合作局从一开始被设计为主要关注欧盟成员国国家

---

① 英文通称为 EUROPOL，一般将该机构译为欧洲刑警组织，2016 年欧盟将 EUROPOL 的全称改为欧盟执法合作局。

当局之间的数据交换以及欧洲情报部门的核心。反恐最初并不在欧盟执法合作局的职权范围内。但是1999年，由于西班牙的坚持，打击恐怖主义被列入欧盟执法合作局的职权范围。

具体工作中，欧盟执法合作局收集、存储、处理、分析和交换信息与情报。它主要与成员国主管当局合作，也与第三国和国际刑警组织和世界海关组织（WCO）等相关国际组织合作。欧盟执法合作局在制定关于严重犯罪和有组织犯罪以及恐怖主义的可靠情报交流方法和手段方面发挥了主导作用，欧洲犯罪情报模型（ECIM）[①]和有组织犯罪威胁评估（OCTA）[②]就是典型成果。欧盟执法合作局反恐工作队收集和分析有关恐怖嫌疑人的信息。这些数据记录在分析工作文件（AWF）中。欧盟执法合作局的反恐计划旨在改进信息收集和威胁评估。在2011年7月22日，安德斯·布雷维克在挪威犯下大规模谋杀案之后，欧盟执法合作局成立了一支关于非宗教极端主义威胁的特别工作组。此外，欧盟执法合作局还可以担任欧洲反恐调查的协调员，并以此身份支持为此目的设立的特定联合侦查小组（JIT）的业务活动。

自2007年以来，欧盟执法合作局编制发布《欧盟恐怖主义形势和威胁报告》（TE-SAT）。通过对恐怖主义威胁和应对模式进行分析，欧盟执法合作局认为恐怖主义的威胁是多种多样的。一方面，在现代技术和互联网的帮助下，恐怖主义和宗教激进主义团体逐渐发展成为松散的网络。另一方面，"孤立、心怀不满的个人"

---

① Hugo Brady, "Europol and the European Criminal Intelligence Model: A Non-State Response to Organized Crime", *Policing*, Vol.2, Issue1, 2008, pp.103–109.

② Tom Vander Beken, "Risky Business, p.A Risk-based Methodology to Measure Organized Crime", *Crime, Law and Social Change,* Vol.41, Issue 5, 2004, pp.471–516.

可能会变成暴力激进分子，成为"独狼"。[1]执法人员，欧洲政策制定者和公民可以在报告中查看与欧盟恐怖主义威胁有关的各种事实以及包括每种恐怖主义的发展趋势。2017年的报告主要侧重于宗教极端主义的扩散，其中更多的人正在使用"简易爆炸装置"或包含汽油、酒精、化肥、丙烷等现成产品的独立爆炸装置。年度报告还教育并告知欧洲公民，如果他们发现可疑人员在购买上述产品，则应该提醒欧洲警察当局。当公民意识到当地存在威胁时，他们可以通过担任线人来帮助主管当局，允许这些机构对个人进行预先筛选。欧盟执法合作局也会向具体成员国的反恐工作提供支持，曾经帮助大曼彻斯特警察局反恐部门对大约6000份电子文件进行调查，最终让主要嫌疑人被判处两年监禁。[2]

值得注意的是，虽然欧盟执法合作局是欧盟反恐的新兴力量，但它不具有超国家警察部队的权力，也不是由专业警察人员自下而上组建的，无权调查、搜查或逮捕嫌疑人。欧盟执法合作局是欧盟立法机构自上而下决定的结果。[3]虽然近几年欧盟明显扩大了欧盟执法合作局的权限，但其法律地位和工作目标并未改变。因此，欧盟执法合作局的反恐工作面临的最大问题，依然在于有多少成员国能积极提供必要的信息。

（二）欧洲司法组织

欧洲司法组织于2001年3月开始运作，其任务是加强执法合作。2002年理事会决定正式确定欧洲司法组织为欧盟机构。根据

---

[1]　European Police Chiefs Convention, Counter Terrorism Working Group Conclusions, p.1.

[2]　European Police Office, Europol Review, General Report on Europol Activities 2010, 2011, p.28.

[3]　Oldrich Bures, "Intelligence Sharing and the Fight against Terrorism in the Eu: Lessons Learned from Europol", *European View*, Vol.15, Issue 1, 2016, p.59.

《欧盟运行条约》第85条，欧洲司法组织的使命是支持和加强成员国的主管当局之间的协调与合作，对严重的跨境犯罪进行调查和起诉。通过提供协调和合作工具，促进信息交流，授权其根据相互承认司法判决的原则协助应用欧盟法律文书，并在欧盟范围内批准最佳做法。欧洲司法组织有助于推动成员国主管司法当局之间的跨境合作。当国家起诉涉及跨境犯罪时，它能够迅速解决法律问题或提高司法协助的效力。

因为具有推动信息流通与情报合作的功能，欧洲司法组织也被视为欧盟打击恐怖主义的关键机构，打击恐怖主义是其优先事项之一，工作特点逐渐"从纯粹的反应性协调努力向在反恐斗争中更积极主动的贡献"[1]发展。2004年3月马德里发生恐怖袭击之后，欧洲司法学院在欧洲司法组织内设立了一个反恐怖主义小组，创建了一个记分牌（scoreboard）。通过该记分牌，欧洲司法组织得以跟踪重大反恐行动的进展。此外，欧洲司法组织努力获得恐怖主义各个方面的专业知识。成员国有义务指定国家恐怖主义通信员，要求他们向欧洲司法组织提供某些信息，包括识别为刑事调查或执行对象的个人、团体或实体的数据，有关犯罪的具体情况，恐怖主义犯罪定罪的信息和具体情况，与其他相关案件的联系，以及收到的司法协助请求，包括发送给另一个成员国或由其他成员国提供的调查委托书和答复。[2]收到的信息在欧洲司法案件管理系统中处理，并在必要时由法律分析员进行分析。欧洲司法组织也能够整理和交换信息，持续发布恐怖主义定罪监测（TCM）。与欧盟执法合作局的报告相比，恐怖主义定罪监测的特点是信息量更大，而且提供了详细

---

[1] Oldrich Bures, *EU Counterterrorism Policy, A Paper Tiger?* Farnham: Ashgate 2011, p.117.

[2] Ibid..

的司法分析。[1]

欧洲司法组织并非设计用于执行具体行动，其优先事项在于提高司法网络的级别。这方面的一个重要工具是欧洲司法协调制度（ENCS）。其目标是保证国家一级司法当局之间，从国家成员到欧洲司法组织，以及从国家联络点到欧洲刑事事项司法网络（EJN）之间有效和迅速的信息流动。[2]欧洲司法组织在每个成员国的国家通信员负责欧洲司法协调制度的运作。通过欧洲司法协调制度，欧洲司法组织的任务是确保成员国从欧洲司法案件管理系统得到足够和可靠的信息，并确定欧洲司法组织对欧洲刑事事项司法网络的权限。

欧洲司法组织还获得了对国家调查和起诉施加一定程度影响的权力。例如要求有关成员国主管当局对具体犯罪行为进行调查或起诉，要求成员国相互协调，采取具体的调查措施，或采取任何其他适当的调查或起诉案件的措施。[3]

（三）欧洲边境管理局

欧洲边境管理局的工作是情报驱动的，负责信息交流和对大量欧洲人口的监控，协调欧盟层面的情报驱动的业务合作，以加强外部边界的安全。[4]欧洲边境管理局的工作主要是进行实时情报收集

---

[1] Oldrich Bures, *EU Counterterrorism Policy, A Paper Tiger?* Farnham: Ashgate 2011, p.123.

[2] Á. Gutiérrez Zarza, "Eurojust", in Á. Gutiérrez Zarza, *Exchange of Information and Data Protection in Cross-border Criminal Proceedings in Europe*, Springer, 2015, p.79.

[3] Council Decision 2009/426/JHA [2009] OJ L138/14, Art 6 para 1(a). Eurojust here acts through its national member(s) concerned. In a reduced manner, similar rights were conferred on the College of Eurojust, see Art 7 para 1(a) of said Council Decision.

[4] Ilkka Laitinen, "Frontex and the Border Security of the European Union, European View", *Europe and Migration*,Vol.5, 2007, p.58.

和风险分析^①，关注移民危机的风险评估和成员国支持欧盟外部边境危机管理活动的能力^②，以及与相关第三国保持联系与合作。人口监控方面，随着签证信息系统（VIS）转变为出入境系统并引入指纹，欧洲边境管理局可以通过识别生物身份来实施监控。^③ 在情报收集分析的基础上，欧洲边境管理局对边境紧急情况进行预测。^④

按照职权，欧洲边境管理局其实不是反恐机构而是边境管理机构，在反恐中的作用较之欧盟执法合作局和欧洲司法组织较低。但是近年来，欧洲边境管理局的反恐职能被不断提高，反恐作用获得肯定。其中的原因，一方面，自 2014 年以来欧盟一直将边界管理和移民控制视为反恐的重要途径，而欧洲边境管理局的主要工作正是负责监控进入欧盟的移民；另一方面，虽然欧洲边境管理局不是一个反恐机构，但它的活动模式是由情报驱动的，也就是说，欧洲边境管理局的反恐活动可以得到其获取和整理的情报的支持。

（四）欧盟情报和情况中心

欧盟情报和情况中心是欧盟外交事务处（EEAS）的情报机构，严格来说并不是反恐机构。然而，根据情报部门、军方、外交官和警察部门提供的信息进行威胁评估和预警是欧盟情报和情况中心的核心任务。这种基于情报的工作模式，以及情报来源与反恐领域的紧密联系，使得欧盟情报和情况中心能够为欧盟反恐合作做出贡献。

---

① Andrew W. Neal, "Securitization and Risk at the EU Border, The Origins of FRONTEX", *Journal of Common Market Studies*, Vol.47, Issue 2, 2009, pp.333–356.

② A. Neal, "Securitization and Risk at the EU Border", Journal of Common Market Studies, 2009, p.349.

③ Dennis Broeders, "The New Digital Borders of Europe, p.EU Databases and the Surveillance of Migrants", *International Sociology*, Vol.22, Issue 1, 2007, pp.71–92.

④ Council of the European Union, Risk Analysis on EU External Borders, Brussels, 15503/03 FRONT 176/COMIX735, 2 December, 2003.

例如，欧盟情报和情况中心可以在其获得的情报基础上提供恐怖分子目的地、动机和行动信息，帮助欧盟防止恐怖主义活动和抓捕恐怖分子。

值得注意的是，虽然恐怖主义是欧盟情报和情况中心从设立起就关注的议题，但一开始它的工作重点主要是外部恐怖主义威胁而不是欧盟内部安全。在2004年1月，前高级代表哈维尔·索拉纳表示，欧盟情报和情况中心也应该对内部边境安全、危机管理和情报调查加以关注。欧盟理事会2004年6月同意在欧盟情报和情况中心内设立一个反恐怖主义小组，负责在国家安全和情报机构以及欧盟执法合作局的帮助和支持下对欧盟内部安全制定反恐怖主义情报分析的任务。[1] 自此，欧盟情报和情况中心开始向理事会提供有关恐怖主义威胁的战略评估。

欧盟情报和情况中心最突出的特点在于跨领域的情报交流，特别是在军事和民事安全部门之间。其主任认为，成员国之间的情报交流已经发生变化，工作挑战不再是针对恐怖主义威胁的长期或中期评估，而是出于实施和外交目的"及时向适当的人提供信息"[2]。适用到反恐领域可以理解为，及时充分到位的情报交流是打击恐怖主义的关键。在情报来源方面，欧盟情报和情况中心获取的依然不是原始情报，而是由各国国内的专家决定、整理和提交的。这意味着成员国仍然在情报交流与分享方面起着决定性作用。值得注意的是，欧盟情报和情况中心的运行是本书讨论的几个反恐机构中透明度最低的。因为它位于高级代表之下，而且跨领域将内部和外部安

---

[1]　Daniel Keohane, "The EU and Counter-terrorism", the Centre for European Reform, p.31.

[2]　Javier Argomaniz, Oldrich Bures, and Christian Kaunert, *EU Counter-Terrorism and Intelligence: A Critical Assessment*, 2016.

全政策联系起来，因此有效对其工作进行监控不太容易。[①]

第二节　欧盟反恐合作的新动态

比利时和法国发生的恐怖主义袭击事件中，失败的执法交流再次凸显了欧盟范围内情报共享不足的缺陷。据调查，大多数袭击者在事发前已经被几个欧盟成员国的安全机构所知，法国和比利时执法当局都提供了嫌疑人的相关信息，边境关卡也发现了嫌疑人的行踪，但这些情报的"点"并未通过欧盟的反恐合作平台及时有效地连成"线"。既未有效防止恐怖袭击，也未能及时逮捕嫌疑人。这使欧盟的执法合作机制受到严厉批评和质疑。以遏制外国恐怖主义战斗人员的威胁为目标，欧盟迅速对此做出回应，强调要确保公民安全，防止极端化，维护欧洲价值观，采取各种措施推动新一轮反恐立法和机制建设。全面强化情报交流机制成为现阶段反恐合作机制更新的重点。

一　更重视执法与情报机构的反恐作用

近几年，欧盟越来越倾向于认为打击恐怖主义有效性的因素之一是获取与恐怖袭击计划或是危险人物的相关信息，而欧盟执法合作局的主要作用就是推动欧盟成员国交换犯罪信息并分享有关危险的情报。从理论上讲，欧盟执法合作局的情报收集分析能力越强，欧盟成员国在反恐行动领域取得的效果越好。因此，欧盟执法合作局的反恐作用越来越受重视。2016 年 5 月 11 日，欧盟出台了关于欧盟执法合作机构的第 2016/794 号条例，取代和废除了欧盟执法

[①]　Jelle van Buuren, *Secret Truth,The EU Joint Situation Centre*, Amsterdam: Eurowatch, 2009, p.4.

合作局原本的基础文件，增强该机构侦察和预防恐怖主义威胁的能力，将其名称改为现在的欧盟执法合作局（European Union Agency for Law Enforcement Cooperation）。经过提高机构权能，欧盟执法合作局已将其设立之初基于"回应"的任务转变为积极主动的跨境合作，基于情报的预测分析，设立各种数据中心，推动成员国有效合作打击欧洲大陆及其周边的恐怖主义威胁。

（一）刑事案件调查的影响力扩大

第 2016/794 号条例中的一些细节值得注意。根据新条例规定，欧盟执法合作局有权要求成员国进行刑事调查。但是，较之以前的相应条款，该规定的措辞有些不易察觉的改变。新条款很少使用成员国应给予此类请求"适当考虑"的文字，并为国家当局规定时间限制，超出具体时间意味着该成员国决定不遵守欧盟执法合作局的要求。因此，欧盟执法合作局的要求虽然仍不具有法律约束力，但较之传统的请求效力更强。因此，新条例加强了欧盟执法合作局指导或要求国家警察当局开展刑事案件调查的能力。

（二）数据挖掘能力提高

第 2016/794 号条例强调欧盟执法合作局应"尽可能拥有最全面和最新的信息"，以便了解犯罪现象和收集有关犯罪网络信息的趋势，以及检测不同犯罪罪行之间的联系，这就为欧盟执法合作局调整工作重点，重视网络空间，进一步发展欧洲网络犯罪中心提供了法律基础。通过条例第 18 条，欧盟执法合作局得以"选择最有效的信息技术结构"对数据的交叉匹配进行检查，清楚了解趋势，以便"能够迅速发现与调查不同犯罪分子的共同作案之间的联系"。简而言之，新的法律框架赋予了欧盟执法合作局开展数据挖掘业务的能力。数据挖掘被定义为探索数据集以识别数据中结构的技术，包括数据的模式、统计或预测模型以及数据之间的关系。这意味着欧盟执法合作局反恐数据获取、分析和预测能力的提高，几乎可与国家警察部门的功能相媲美。

在提高数据挖掘与比对能力之外，第 2016/794 号条例有两点值得注意。一是虽然条例第 18 条第 3 款包含一些数据保护规定，但措辞比较模糊，并没有规定如何保护，这可能在实践中导致数据保护不够充分。二是在赋予欧盟执法合作局强大数据分析挖掘能力的同时，却没有对分析模式和方法进行规定，这也可能在实践中对数据保护带来不确定性。

（三）情报交流能力增强

巴黎的恐怖袭击事件使欧盟执法合作局成为人们关注的焦点。作为对巴黎和布鲁塞尔袭击事件的回应，欧盟执法合作局协助法国和比利时当局进行分析和调查。反恐支援行动之外，欧盟理事会要求欧盟执法合作局提升其业务能力。2016 年 1 月，欧洲反恐中心（ECTC）在欧盟执法合作局启动。该中心主要任务是为成员国提供调查方面的业务支持，它交叉检查实时数据，迅速将分散的线索联系起来，并分析所有可用的调查细节，以协助编制恐怖主义网络的结构图。

欧洲反恐中心的工作重点在于应对外国恐怖主义战斗人员问题，主要任务是成为欧盟内部的中心信息枢纽，推动信息交流，计算分析，协调运行。具体工作中，欧洲反恐中心通过与其他部门的有效交流与合作为正在进行的调查提供分析，并在发生重大恐怖袭击时做出协调反应。例如，通过恐怖主义融资跟踪方案和金融情报单位分享关于资助恐怖主义的情报和专门信息。

欧洲反恐中心的分析师和专家团队整理来自所有成员国和第三方执法部门的信息，能够全天候为反恐和刑事调查提供快速有效的支持，包括刑事调查分析，建立移动办公室或提供阿拉伯语专家分析得出的大量数据。这些专家能够监测阿拉伯语的网站和社交媒体或是跟踪支持资助恐怖主义活动的网络。欧洲反恐中心的建立，使欧盟执法合作局能够跟踪和监测恐怖主义活动，通过分析和预测，在恐怖袭击或其他恐怖活动发生之前进行干预，先发制人地减轻威胁。

虽然权能升级时间还不长，难以从实践角度判断欧盟执法合作局在欧盟反恐中的作用和效果，但是网络能力、数据挖掘能力和反恐权能的加强，使得欧盟执法合作局可以采取多种方法打击恐怖主义。这些方法的共同之处是重视信息、情报和数据。从数据管理的角度来看，欧盟执法合作局的内部数据系统似乎是连贯的。欧盟执法合作局位于国家、欧洲和国际三个层面的交界处。这使得从三个层面的合作中整合反恐情报成为可能。在强大的数据库基础之上，欧盟执法合作局在恐怖主义风险的预测和战略分析方面会起到更大的作用，欧盟成员国会更加依赖欧盟执法合作局的情报支持。欧盟执法合作局与其他跨国执法机构以及欧盟成员国建立联系的努力也证明了欧洲反恐模式从被动的、基于事件的反恐行动到主动结构性分析和减轻威胁的转变。值得注意的是，这些重视预测和预防的整合工作许多都是与欧盟最重要的反恐合作伙伴美国进行相关领域的合作之后，才逐渐改变了工作模式。

二　更重视边境管理的反恐作用

欧盟委员会认为恐怖分子可能通过非法移民的路线进入欧盟，然后留在申根地区。因此，边境管理、移民管理和反恐之间存在动态联系。巴黎和布鲁塞尔恐怖袭击的嫌疑人混在难民流中进入欧盟内部的事实证明了这种观点。欧盟反恐专员朱利安·金（Julian King）强调，需要确保我们的边防警卫和警察，移民官员，海关和司法当局掌握必要的信息，以保护我们的外部边界，领导打击恐怖主义和有组织犯罪，并更好地保护我们的公民。[①] 总的来说，欧盟将加强边境监控作为重要反恐方法，欧盟的边境管理和移民管理机构获得了许多反恐权能。

（一）完善申根边界立法

申根信息系统是反恐的重要途径之一。申根地区内部的自由流动是欧盟的主要成就。为了保护申根边境并同时保持高水平的安全，欧盟逐渐加强了对申根外部边界的控制。申根边境的相关措施，特别是数据库，被视为确保欧洲安全的重要工具。2017 年 3 月欧盟通过了修订申根边界法规的条例，通过边境和欧盟内部的警察控制来加强对外部边界相关数据库的检查，包括对通缉个人和物品的警报，谨慎地检查和进入禁止规定。这主要是为了应对外国恐怖主义战斗人员。在条例通过之前，欧盟公民及其家庭成员在入境时会接受成员国最低限度的检查，第三国国民则会接受所有数据库范围内的系统检查。出于对外国恐怖主义战斗人员的警惕和保护内部安全、维护公共秩序的目的，修改的条例现在要求成员国对包括欧盟国民在内的所有人跨越外部边界时，在全部数据库内进行系统检查。

欧盟认为，要识别出已知的或可疑的外国恐怖主义战斗人员，全面对申根边界进行控制，申根信息系统至关重要。需要将与外国恐怖主义战斗人员有关的全部信息输入数据库。恐怖主义嫌疑人的信息由执法部门（条例第 31 条和第 36 条）或安全部门（条例第 36 条第 3 款）输入。此外，与国际刑警组织合作，使用丢失和被盗的旅行证件数据库和实际检查数据库也很重要。为此，边境站不仅必

---

① Julian King, "Forward", in Sergio Carrera and Valsamis Mitsilegas, *Constitutionalising the Security Union: Effectiveness, Rule of Law and Rights in Countering Terrorism and Crime*, Brussels : Centre for European Policy Studies (CEPS), 2017, p. ii.

须与申根信息系统建立电子链接，而且还必须与国际刑警组织的数据库建立电子链接。

（二）确立共同风险指标

检测进入欧盟的已知外国恐怖主义战斗人员，对申根信息系统进行检查，确定这类人员是否已被其他成员国识别被欧盟视为加强控制的有效方法。为实现这个目标，委员会一直在与成员国和欧盟机构合作，按照成员国国家元首、政府首脑和理事会的要求制定共同的风险指标。帮助边境官员根据共同标准进行评估，加强集中控制，例如，当有关人员进入欧盟时应该对哪些城市和地区进行系统控制。委员会对共同风险指标的制定于 2015 年 6 月完成。

共同风险指标被欧盟放入修订后的边防警卫手册（又被称为申根手册）中。该指标会定期更新，供成员国主管当局用于更好地识别返回的外国恐怖主义战斗人员。而且，欧盟执法合作局和欧盟边境管理局也都会参与风险指标的实施，帮助其定期更新。根据这些风险指标，欧盟得以对所有人和所有数据库进行更系统和协调的控制，预防恐怖风险和提前采取控制措施的能力得到进一步增强。

（三）提高欧盟边境管理局的权力

欧盟 2016 年修改了欧盟边境管理局的权限，赋予该机构为了风险分析、联合作战和快速边境干预等目的处理个人数据的权力。此外，赋予边境管理局对外部陆地、海洋和空中边界的欧盟公民进行强制性系统检查的权力。随着权力的扩张，欧盟边境管理局越来越像一个执法机构。而且，欧盟边境管理局在执行过程中加强了反恐相关的权能。

2018 年 2 月，欧盟边境管理局在中地中海开展了 Themis 行动，取代于 2014 年启动的 Triton 行动。该行动区域横跨地中海，目的是搜索和救援来自阿尔及利亚、突尼斯、利比亚、埃及、土耳其和阿尔巴尼亚的移民。但在搜索和救援任务外，Themis 行动还有其他执法的重点。特别值得注意的是要求通过该行动收集情报，侦查外国恐怖主义战斗人员和外部边界的其他恐怖主义威胁。而且，在部署该行动期间，欧洲边境管理局的工作人员收集的信息除了传达给相关成员国外，还发给了欧盟执法合作局。

虽然欧盟边境管理局权力升级时间尚短，也不清楚该机构通过移民相关的行动收集到了什么有关反恐的情报，无法对其反恐作用进行评估，但清楚的是，欧盟已经明确地将移民、难民和对外部边境的控制与反恐联系起来。

三　更重视预防性监控的反恐作用

欧盟将跨境个人移动与恐怖主义联系起来的后果之一，就是大规模监控成为维护区域安全的重要选项，这一趋势从《欧盟乘客姓名记录指令》的发展轨迹能得到充分体现。乘客姓名记录，是通过获取、管理和分析航空公司传送的对成员国国际航班的乘客姓名数据，检查具体乘客参与恐怖或犯罪活动的风险，从而预防、检测、调查和起诉恐怖犯罪与严重犯罪的数据情报系统。虽然欧洲对该系统持续讨论多年，不少成员国制定了相关国内立法[1]，欧盟与美国、加拿大和澳大利亚也签署了传送乘客姓名记录的协定[2]，但是在欧

---

[1]　Piotr Bąkowski and Sofija Voronova, "The Proposed EU Passenger Name Records (PNR) Directive, p.Revived In The New Security Context", European Parliamentary Research Service Blog, 4 May, 2015, https://epthinktank.eu/2015/05/04/the-proposed-eu-passenger-name-records-pnr-directive-revived-in-the-new-security-context/.

[2]　Justice and home affairs, "EU Passenger Name Record (PNR) directive: overview", European Parliament News,1 Jun, 2016, http://www.europarl.europa.eu/news/en/news-room/20150123BKG12902/eu-passenger-name-record-(pnr)-directive-an-overview.

盟层面没有统一的共同乘客姓名记录系统。①自 2007 年起，欧盟委员会几次提交设立欧盟乘客姓名数据系统的提案，都被欧洲议会驳回。②围绕这个系统一直存在必要性、相称性、人权保护和所需资金等方面的许多争议。然而，随着外国恐怖主义战斗人员开始返回欧洲，系统监控欧盟公民和第三国公民在欧盟内外的行踪成为反恐的首要选项。因为需要跨境追踪恐怖分子的下落，"识别罪犯和恐怖分子使用的路径，预防个人抵达到他们预定的目的地或目标"③，加强欧盟内的情报收集和共享，欧盟委员会 2011 年提交的《乘客姓名记录指令》（2011/0023）迎来了转机。接连发生的恐怖主义袭击推动了指令的进程，2016 年 4 月 21 日，《乘客姓名记录指令》终获通过。值得注意的是，欧盟已经有能够让成员国收集和共享安全情报，尤其是外国恐怖主义战斗人员的情报的合作框架④，也已经有预报乘客信息（Advanced Passenger Information，API）系统进行航空乘客数据管理。在会出现功能重叠的情况下，《乘客姓名记录指令》依然通过了。可见，乘客姓名记录系统更符合欧盟反恐对数据和监控工具的需求，更能体现欧盟反恐法和反恐执法合作的发

---

① Home Affairs, "Council adopts EU Passenger Name Record (PNR) directive", Council of the EU, 21 Apr 2016, http://www.consilium.europa.eu/en/press/press-releases/2016/04/21-council-adopts-eu-pnr-directive/.

② Catherine Stupp, "Passenger name record law passes first hurdle in Parliament", 16 July, 2015, http://www.euractiv.com/section/justice-home-affairs/news/passenger-name-record-law-passes-first-hurdle-in-parliament/.

③ Made for minds, "European Parliament passes anti-terrorism data sharing law", 14 April 2016, http://www.dw. com/en/european-parliament-passes-anti-terrorism-data-sharing-law/a-19186732.

④ 理事会框架决定 2006/960/JHA 设立的共享刑事情报的合作框架。该指令又被称为"瑞典倡议"（Swedish Initiative）。通过该指令，欧盟成员国的相关执法当局能像在其国内一样，为进行刑事调查或行动的目的，交换严重犯罪的现有信息和情报。

展方向。

（一）更详细的数据

《乘客姓名记录指令》要设立的系统和预报乘客信息系统之间最大的区别，在于收集信息的详细程度。预报乘客信息系统是在2004年马德里恐怖袭击发生之后，欧盟理事会为了改善边境控制和更有效地打击非法移民，通过2004/82/EC指令而设立的。该系统要求航空公司应欧盟外部边境负责人员检查的主管当局要求，提供旅行前往欧盟边境的乘客的个人信息。[①]这些信息包括姓名、出生日期、性别、国籍、护照细节，进入欧盟的边境过境点、出发和到达的时间、航班携带的乘客总数。《乘客姓名记录指令》中所指的乘客数据，较之预报乘客信息系统的规定要广泛具体得多。除了预报乘客信息系统包含的信息外，还有乘客姓名记录的定位信息；机票的预定/签发日期；计划旅行的日期；地址和联络信息（包括电话号码和E-mail地址）；各种形式的付款信息，包括账单地址；具体乘客的完整旅游行程信息；常客飞行数据；旅行社或是旅行代办人；乘客的旅行状况，包括确认、登记状态，显示或不显示的信息，分开的乘客姓名记录信息；一般说明，包括对未满18岁未成年人的所有可用信息，例如姓名、性别、语言，出境的监护人的联络方式，与未成年人的关系，入境处的监护人的相应信息等；票务信息，包括机票号码、出票日期和单程票；自动售票的有关信息；座位号码和其他座位信息；代码信息；所有的行李信息；乘客姓名记录上旅行者的其他名字和编号，以及上述所有信息的任何历史更

---

① Directive 2004/82/EC, Obligation of air carriers to communicate passenger data, OJ L 261, 6.8.2004, pp. 24–27.

改。^①无论是信息的数量，还是信息的细致程度，抑或是信息的全面性，乘客姓名记录系统都远远超越了预报乘客信息系统。最值得注意的是，《乘客姓名记录指令》中对与旅行有关的信息，如账单地址的要求，对航空乘客动向的短期和长期跟踪，明显体现出重视乘客行为异动，意在通过比对行为发现可疑性的工作模式。

值得注意的是，《乘客姓名记录指令》针对的是所有乘客，其本质是一种大规模、无针对性、不加选择的对航空出行活动的全面监控。将此系统适用于反恐，潜在的假定是监视越广泛全面，数据越多越具体，越有利于找到恐怖分子。对大数据的依赖和对广泛监控的重视，反映了欧盟以情报来驱动反恐执法的取向。

（二）更强的预防能力

《乘客姓名记录指令》能更好地帮助执法机关识别嫌疑人。预报乘客信息系统中，乘客的数据在预定或购买机票时自动生成^②，负责港口和边境控制的调查人员参照该系统可以确定航班上的人员，然后把在情报系统中有记录的嫌疑人与该系统内人员进行比对，找出已经被发现的嫌疑人。这种功能在欧盟委员会看来有局限性。欧盟委员会在《乘客姓名记录指令》的解释备忘录中表示，预报乘客信息数据提供的有限信息，不能使执法当局对乘客开展评估，因此不能帮助找出未知的罪犯或恐怖分子。^③《乘客姓名记录指令》

---

① Directive (EU) 2016/681 of the European Parliament and of the Council of 27 April 2016 on the use of passenger name record (PNR) data for the prevention, detection, investigation and prosecution of terrorist offences and serious crime, ANNEX I, Official Journal of the European Union, OJ L 119, p. 148.

② Statewatch, "API, PNR, threat assessments, and data-mining, p.Member States push for access to travellers' personal data for customs authorities", 22 February, 2013, http://www.statewatch.org/news/2013/feb/12customs-pnr1.htm.

③ Directive 2011/0023 Explanatory Memorandum, p.8.

要设立的情报系统，其功能是帮助成员国主管当局识别之前未被怀疑涉嫌严重犯罪或恐怖主义活动的人。也就是说，该系统使成员国能够执行前摄威胁评估，找出更多未暴露的具有恐怖主义威胁的人。

乘客姓名记录系统的工作模式，是通过收集大量数据使系统能够有助于分析乘客的行为，使未被当局认为有威胁的人员，能够通过其旅行模式或其他行为引起嫌疑。例如，《乘客姓名记录指令》数据中付款方式和订票人员这样的细节，能够让调查人员进行交叉比对，确认乘客是否与信息系统中的恐怖嫌疑人有关联。在恐怖主义组织行为模式不断演进的今天，这种系统能够给主管当局提供有力的工具。欧洲警察组织已经发现，有些已经被反恐相关的警察部门得知的恐怖组织，会利用情报系统尚未识别的人员进行活动，以实现恐怖主义目的。[①] 乘客姓名记录能够使主管当局获得更多关于乘客出行的细节和关联信息，找到行为人与恐怖主义之间的联系，提前执法的时间，在恐怖主义威胁发生之前施展控制手段，实现预防目标。

（三）更广泛的机构功能

《乘客姓名记录指令》改变了供应商储存数据的局面。在预报乘客信息系统中，数据存储在航空公司处，由负责相关事务的主管当局向航空公司要求来获取数据。而《乘客姓名记录指令》设立了乘客信息单元这一专门机构。该系统应该是这样工作的：在第三国和至少一个欧盟成员国领土内开设航班的航空公司，有义务向设立在国际航班抵达和离开的成员国国内的乘客信息单元〔（Passenger Information Unit，PIU）〕发送所有乘客姓名记录数据。由该机关负

---

① Directive 2011/0023 Explanatory Memorandum, p.8.

责收集、存储、分析这些数据，并且将分析的结果提供给主管当局。[①]
设立专门机关管理数据，能够使欧盟和成员国的有关主管当局在获
取信息和交流方面更加便利和快捷；赋予乘客信息单元广泛的权能，
特别是分析功能，对实现它的预防目标尤为重要。

　　欧盟已经有许多有助于打击外国恐怖主义战斗人员的情报共享与
合作工具，各主管当局和机构可以选择不同的途径来获取情报。即使
没有乘客姓名记录系统，欧盟和成员国的有关机构也能通过各种数据
库和欧洲警察组织、欧洲边防局这样的机构来获得反恐执法需要的信
息。但是，《乘客姓名记录指令》赋予乘客信息单元的功能已经超过
了欧盟层面的所有情报共享机制。现有的情报共享机制主要是作为情
报共享的信息平台或中央枢纽。它们更侧重于共享而不是交换，没有
或只有有限收集能力，只有部分情报共享机制具备有限分析能力。[②]
但乘客姓名记录系统权能广泛，既有收集能力又有分析能力，足见欧
盟对反恐情报的重视程度。而且，这种在每个成员国内部设置专门机
构的工作模式，有助于在欧盟层面上促进各成员国的乘客姓名记录系
统协调统一，推动成员国之间更好地情报互动。随着后续发展，也能
期待该系统与欧盟对外的乘客姓名记录数据库衔接，实现更广范围的
情报交流，在更充分的情报基础上实现预防功能。

　　《乘客姓名记录指令》的发展轨迹可以说明，恐怖威胁的紧
迫性和严重性仍然是欧盟反恐法发展的最大推动力。该指令反映
出后巴黎—布鲁塞尔时期，面对隐蔽性更强的恐怖主义威胁，欧

---

　　① Directive (EU) 2016/681 of the European Parliament and of the Council of 27 April 2016 on the use of passenger name record (PNR) data for the prevention, detection, investigation and prosecution of terrorist offences and serious crime, OJ L 119, 4.5.2016, Art. 5.

　　② Matteo E. Bonfanti, *Collecting and Sharing Intelligence on Foreign Fighters in the EU and its Member States*, p.*Existing Tools, Limitations and Opportunities*, *Foreign Fighters under International Law and Beyond*, T.M.C. Asser Press, 2016, p. 339.

盟选择了提高监控的规模和级别，加强情报分析对执法的影响，以跨境行动的异常为判断依据，识别具有潜在危险性的人员，提前执法，预防恐怖主义威胁发生的反恐模式。大规模监控和预防性执法获得欧盟重视的同时，传统的刑事合作的地位降低了，面临转变工作模式和重点的要求。这似乎体现出，欧盟认为在信息化时代，重视针对性监控和事后惩罚的传统执法模式无法有效回应演化的恐怖主义威胁，在情报的基础上加强预防才是遏制恐怖主义最重要的方法。

四　更重视数据与情报的反恐作用

边境、移民管理与反恐之间的动态联系让欧盟对整合不同反恐机构功能、加强情报分析和数据收集尤为重视，2016年4月委员会表示要"为边境和安全提供更强大，更智能的信息系统"，理事会也认为要"加强信息交流和信息管理的路线图"，反恐相关的数据库快速发展起来。

（一）反恐数据膨胀性增长

自2015年以来，反恐相关数据库中的数据量爆炸性地增加，欧盟执法合作局数据库的可用数据充分体现了这一点。登记宗教极端组织相关信息的Hydra在2016年的数据量较之2015年增加了44000个数据集。2014年4月新设立的专门处理外国恐怖主义战斗人员的旅行者数据库，到2016年登记总人数增加了6倍。可以直接从警察总部和欧盟成员国的其他当局获取和查询的警察机构等级系统EIS，在2016年的登记数量比2015年翻了一番。① 按照欧洲

---

① Matthias Monroy, "Counter-terrorism and the inflation of EU databases, Security Architectures and Police Collaboration in the EU", 23 May, 2017, https://digit. site36.net/2017/05/23/counter-terrorism-and-the-inflation-of-eu-databases/#_ftn9.

执法合作局的报告，该系统中与恐怖主义相关的信息量还在快速增加。申根信息系统中的数据也呈现快速增长的势头。

（二）反恐数据类别增多

随着收集和处理的数据量的增加，欧盟司法与内务方面数据库的目的和适用范围也在快速扩大。近几年数据库类别的增多，一方面体现为数据种类从字母数字信息扩展到生物数据，另一方面体现为扩大进入数据库的机构范围。

以申根数据库的发展为例。申根数据库原本采用字母数字搜索方式，例如通过姓名和出生日期等信息来验证个人身份。但新一代的申根数据库包含自动指纹识别系统（Automated Fingerprint Identification System，AFIS），将开始对生物数据，例如面部图像和指纹进行识别。指纹数据生物识别方法，是指使用数字成像技术获取、存储和分析指纹数据，并在欧盟指纹数据库（European Dactyloscopy，Eurodac）中用于自动识别和检查指纹。从 2018 年 3 月开始，成员国主管当局可以通过申根系统访问相关生物数据，也能够输入系统未识别登记过的指纹数据，例如在犯罪现场发现的指纹。

欧盟指纹数据库的工作目标是通过指纹比较，识别寻求庇护者和不正常的过境者。该数据库的更新主要集中于扩大适用范围和拓宽数据范围。扩大适用范围方面，此前按照欧盟指纹数据库的规定，仅在个别情况下，成员国的警察部队和欧盟执法合作局才能访问欧盟指纹数据库，并且这种使用的前提是 Prüm 网络未能提供检索结果。现在的修改将考虑到检察机关，特别是欧盟执法合作局的要求来扩大范围。[①] 扩宽数据范围方面，委员会的修改提案将该数据库

---

① Council document 13283/16 (14.10.16).

的登记年龄限制从 14 岁降低到 6 岁。而且，非法过境和境外发现的非法居民和第三国国民的信息应该保存 5 年。该数据库还将收集面部图像。从 2020 年起，基于面部图像的新搜索选项即可使用。

值得注意的是，申根数据库和欧盟指纹数据库是为了管理越来越多的数据而构建的，它们可以应用于越来越广泛的犯罪问题。这些数据库具有新的技术功能，包括存储敏感数据的能力可能性。在这种数据库中，数据的增量过程还伴随着相互操作性的改进，这意味着不同数据库可以相互关联，数据匹配和数据挖掘会应用于大量数据。通过计算和分析，来自不同数据库的信息可以共同产生情报。信息技术的迅速发展使得实时情报分析活动成为可能。从另一个角度来看，这也为情报监督机制的能力提出了更高的要求。

（三）数据库互通性增强

按照欧盟委员会 2017 年 10 月提交的一揽子计划中的要求，所有现行和计划中的信息系统，包括欧盟范围内的旅行、移民、安全和生物识别身份管理系统必须建立联系，实现相互操作。这是欧盟委员会对于数据库整合的要求。为此，欧盟委员会宣布开发一个标准化的单一搜索界面，方便执法人员和主管当局的使用，只需点击一下即可访问多个数据库。6 个成员国当局正在与欧盟执法合作局合作开展技术层面的工作，目标是安装标准化数据格式（通用消息格式）和实现数据交换过程的自动化。

值得注意的是，该计划来源于德国联邦内政部长 Thomas de Maizière 的一份文件。该文件表示"数据保护是很好，但在危机时期，安全具有优先权"。① 很显然，欧盟出于安全目标加强了情报数据

---

① Matthias Monroy, "Counter-terrorism and the inflation of EU databases, Security Architectures and Police Collaboration in the EU", 23 May, 2017, https://digit. site36.net/2017/05/23/counter-terrorism-and-the-inflation-of-eu-databases/#_ftn9.

的流动性和可操作性，扩大了反恐执法人员获取数据的权限，使成员国反恐执法人员之间可以直接交流信息和情报。问题在于，新的欧盟数据保护框架是否能够同时应对这些挑战。

综上所述，近几年欧盟反恐合作机制的更新明显集中于全面监控的实现、情报收集分析能力提高和行政执法能力增强，从而尽可能地在恐怖活动或恐怖袭击发生之前就采取行动，避免安全风险发生。整体来看，反恐、边境管制和移民控制的结合，实践中是强化了《欧盟反恐战略》的预防支柱，尤其强调了控制功能，扩大了警察等执法部门的权力。欧盟为实现预防目标采取了在技术能力允许的情况下最大规模的监控方式，监控的对象不仅是外国恐怖主义战斗人员、嫌疑人员或是可疑群体，而且包括所有人员。

这在反恐合作方面至少会带来这样几方面的影响：一是反恐信息量会暴增。虽然情报会很全面，但大规模监控带来的信息也会有过多的嫌疑，给相关分析机构带来工作负担，反而有可能阻碍及时分析获取正确信息。二是数据库功能重叠。新建的许多数据库功能非常相似，信息来源也重叠，有资源浪费之嫌，从某种意义上说也会降低反恐行动的效率和准确率。三是移民和边境管理机构对反恐的可能影响。边境管理机构获得了更多的反恐职能，这意味着其工作模式和特点也会对反恐行动产生影响，边境管理机构重视控制的工作模式，也会对反恐机构产生影响。

第三节　欧盟反恐合作面临的困境

一　情报能力提高与监督机制薄弱

欧盟为了安全目的重视监控、计算分析技术和以情报为主导的警务，反恐领域情报数量快速增长，情报交流日渐频繁，但监督机制却没有及时发展完善。

缺乏对多平台情报交流的有效监督。大多数情报监督是在国家层面以垂直方式组织的。但是现在，情报机构开始参与国际交流。相关欧盟机构的情报活动与成员国之间，成员国与第三国之间以及各成员国与国际组织之间的双边情报交流同时存在。情报交流呈现出明显的多平台、多机制特点。多渠道的情报交流可能导致信息重复，对情报交流的监督和调整功能提出了要求。欧盟内部认为，当情报收集和交流委托给负责中央协调和情报收集程序标准化的专业机构时更容易对其进行监督。近年来情报交流的发展已经加强了各个原本独立的情报体系之间的安全联系，形成了情报网络，那就有必要建立与之相适应的监督网络，达到有效监管。但是到目前为止，这个目标还远未实现。虽然已经加强欧盟执法合作局的相关权力，但当涉及具体责任时，仍然存在空白和差距。

缺乏对复合情报交流的有效监督。由于欧洲内部和外部安全问题出现了交织的现象，内外安全界限逐渐模糊，复杂的安全问题要求打破传统工作模式，加强内、外安全机构之间的合作。从另一个角度来看，这种模式逐渐模糊了不同机构之间，例如警察和情报机构之间、公共与私营主体之间的工作分界，这种现象可能会导致为反恐目的收集的情报可能用于不同（安全）目的的情况，从而超出原本情报监督机构工作权限的范围，对监督工作提出了难题。

二 行政权力扩张与保障措施不足

欧盟新升级的反恐立法和反恐合作机制赋予行政机构更大的权力，但几乎没有对问责制做出规定，法律基础存疑，影响了欧盟的法治原则。

其一，欧盟的警察、执法机关和相关私营主体在收集、访问和获取数据方面获取了广泛的权力。按照相关规定，相关私营主体需要将现有数据转移（或提供）给执法当局，但是这些数据中的大多数与反恐无关，而是与合法普通的日常活动相关的，为了确保尽可能多地获取反恐信息而转移。关键的问题是，虽然国家执法机构现在有权访问广泛的个人数据，但在处理数据方面没有明确保障措施，或是规定保障措施的条款内容笼统、措辞模糊，难以确保数据的安全。导致在实践中可能会出现反恐行动法律基础存在瑕疵，但因为其安全目标就可以实施的现象。

其二，反恐执法合作中，欧盟经常与私营主体合作，或是要求私营主体参加反恐领域的工作。随着欧盟反恐立法和合作机制的升级，相关私营主体已经不仅是欧盟反恐的工具，而且成为反恐的主体之一。以欧盟公私合作比较突出的反恐融资调查为例，私营主体可能会在正常工作中获得有关反恐关键信息的机密材料，这些材料会由私营机构处理。但是他们作为反恐主体的义务和责任条款，例如举证规则等规定，却没有得到明确。这些机构不受与公共当局相同的监督规则制约。而且在行事模式上，公共和私营安全机构可能有不同的逻辑。公、私主体的地位和所处的法律关系也不一样。私营主体主要依赖于客户，因此不希望破坏与客户的关系。如果这方面的问题无法妥善解决，情报方面的公私合作效果会大受影响。这意味着在安全目标之下，权力与约束机制间出现了明显失衡。

三 扩大的协调权限与保守的合作心态

情报交流是一个非常敏感的问题。一般而言，情报是否能有效交流，更多地取决于国家之间的信任关系。国家之间信任程度越高，情报交流的可能性越大。国家之间的信任问题不是建立情报传播的机制能够解决的。信任问题是情报交流和信息互通的关键障碍，也是欧盟反恐过去和现在面临的最大困境。

　　机构权能的提高与数据库的增多，依然没有改变欧盟反恐合作机构难以获取原始情报的现实。从欧盟执法合作局的分析中获得的犯罪信息的主要提供者和情报接收者是欧盟成员国。没有成员国相关部门提供的信息，欧盟执法合作局就无法有效地执行其反恐任务。欧盟执法合作局能否有效运行与成员国是否履行承诺呈正相关。但是，从成员国收到的数据的质量和形式都不如预期。尽管欧盟执法合作局的分析能力有了很大提高，但正式到达欧盟执法合作局的数据量仍然相对较低。有些国家对欧盟执法合作局进行的反恐合作协调持怀疑态度，认为侵犯了他们的主权。①

　　另一个问题是缺乏成员国的反馈。如果没有成员国寻求欧盟执法合作局的协助并使用分配给它的工具，欧盟执法合作局将无法在反恐情报领域发挥作用。反恐行动的结果取决于成员国之间的全面多机构合作，这对整个欧盟执法合作局的情报活动至关重要。如果没有成员国提供的信息，欧盟执法合作局就无法满足欧盟理事会、欧盟委员会和成员国对它的期望，难以获得继续发展的政治支持。欧盟执法合作局打击恐怖主义威胁有效性的最大障碍仍然是成员国主管当局对这种合作的信心有限，他们不情愿为犯罪分析提供信息，对在多边合作中转移高度敏感的反恐数据缺乏足够的信任基础。因此，虽然赋予了欧盟反恐机构很多执法方面的权力，但是关键问题没有改变，原始数据获取和信息反馈依然取决于成员国的意愿，欧盟执法合作局没有有效推动协调工作所必需的能力。这一事实与欧盟执法合作局推动内部多边合作的总体思路相矛盾，恐怕在实践中

---

　　① Oldrich Bureš, "Intelligence Sharing and the Fight against Terrorism in the EU: Lessons Learned from Europol", *European View*, Vol.15, Issue 1, 2016, p.60.

难以有效地协调反恐行动。

第四节　小结

欧盟反恐合作发展中一个突出的问题在于，在逐渐向监控和情报收集模式倾斜的过程中，欧盟所持有的态度。从法治的角度来看，主要问题是广泛的干预权力没有受到足够的约束。现阶段的欧盟反恐合作的基础是大规模监控，其规模还在不断扩大。大规模监控与预测分析加强和执法权力扩大的结合，带来的是明显的反恐合作预先性转向，但却没有建设与之相称的监督和保障机制。

在反恐合作措施逐渐升级的过程中，欧盟的取向转变值得注意。当面临恐怖主义威胁或是讨论反恐法律和机制升级时，欧盟的反恐方案不止一个，为实现同一目标还有其他模式可以采用。但从通过的立法和措施来看，这些替代方案被欧盟忽略了。以前文论述的《乘客姓名记录指令》为例。在起草阶段，该指令本可以被设计得更加传统，针对涉嫌参与犯罪活动的个人实施监控。而且欧盟已经存在用于提前传送乘客信息的计划，可以构成这种系统的基础。在出发前72小时通知乘客的舱位，然后海关和边防巡逻队等国家机构可以根据现有刑事司法数据库检查数据，并根据可疑的恐怖主义或相关犯罪行为的证据要求提供进一步信息。然而，欧盟在实践中采取了更广泛的数据采集和传送方法，向大数据基础上的情报预测与预先控制模式发展。

将欧盟对反恐合作机制升级的措施联合起来分析可以发现，欧盟反恐合作机制希望对所有人员进行风险评估，获得情报，从而在已知的和未知的嫌疑人之间建立联系，在此基础上执法机构实现预防与控制。随着欧盟扩大监控的规模，反恐监控从刑事司法系统扩散到更广泛针对全社会所有人的监控。现阶段的数据库规模和升级趋势，以及执法机构访问数据权力的扩张，意味着为了查找恐怖主义嫌疑人或是罪犯，可以干涉守法公民的权利，影响个人的自主权，这是预先性反恐的典型特征。偏离了欧盟原来对刑事司法合作的模式，与美国的反恐方法更加接近。

成员国对情报交流和欧盟执法机构信任问题的存在和成员国对传统反恐模式的依赖依然是欧盟反恐合作实施效果的最大障碍。这两个问题不能通过赋权反恐机构和加强监控机制解决，对执行效果和有效交流的负面影响却是实实在在的。如果把视角放在成员国通过新一轮欧盟反恐合作机制建设获得的权限改变上看，问题则更为突出。数据共享程度、数据收集范围，最关键的是执法机关的权限获得了实际上的大幅度增强，但欧盟立法对数据保护规则和情报监督机制却只做出了模糊的规定和要求，难以落实，成员国履行欧盟立法时可以较为轻松地避开这部分义务。在这种形势下，欧盟反恐合作机制建设所实现的是成员国安全领域权能的增长，对可能出现的数据滥用和侵权等问题难以进行有效监管和保护。

第六章 结论 预先性防卫的欧盟反恐法

为应对不断演进的恐怖主义威胁，欧盟发展了反恐刑法，反恐融资法、反恐金融制裁制度和反恐合作机制。经过近20年的发展，欧盟反恐法形成了规模庞大的多维体系。不但在反恐中发挥了重要的作用，而且重塑了欧盟法，尤其是司法和内务方面的部分领域。欧盟在对内和对外方面也都成为更强大一致的反恐主体。如果考虑到欧盟的复杂性和欧盟在安全领域的辅助地位，这一内容广泛的多维反恐法体系应该被认为是欧盟的主要成就。在随着恐怖主义威胁的演化而不断发展的过程中，欧盟反恐法升级的整体趋势是重点从惩罚向预防转移，反恐法涉及的范围越来越广，主管当局的权力越来越大，惩罚越来越严厉，刑事司法介入时间越来越早。从现阶段的发展来看，预防目标对欧盟反恐法的影响已经到了需要警惕的程度，已经影响到作为欧盟反恐法基石的反恐刑法的基本原则和重要规则。

第一节 欧盟反恐法的整体特点

一 法律发展受风险驱动

欧盟反恐法一直具有应急性的特点，恐怖主义对欧盟安全的威胁就是欧盟反恐法发展的最大动力。其一，欧盟反恐法每次的重大更新都是由恐怖主义威胁推动的。"9·11事件"催生了欧盟反恐法，《打击恐怖主义框架决定》的出台使联盟层面有了恐怖主义共同定义，反恐合作有了刑法基础。2004年3月11日的马德里爆炸案使欧盟感受到迫在眉睫的安全压力，反恐成为欧盟的核心议题，通过了大量反恐文件。2005年7月7日的伦敦地铁爆炸案进一步加快了欧盟反恐法的发展速度和规模，在英国的要求和影响下，预防开始成为欧盟反恐政策的重点。随着恐怖主义威胁的演进，欧盟不断升级反恐法，建设各类合作机制。恐怖主义对区域安全的威胁是欧盟反恐法产生和发展的直接动力。其二，威胁的严重程度、紧迫性，犯罪方法的演变对欧盟反恐法的规定和重点具有决定性影响。"9·11事件"虽然催生了欧盟反恐法，却未能让大规模快速立法的节奏延续下去。究其原因，美国发起的反恐战争分化了欧盟成员国，联盟层面难以达成合意。但还有一个原因就是欧盟并没有自身安全受到严重威胁的实感，欧洲当时的恐怖主义活动正处于低潮期。当马德里和伦敦遭到恐怖主义袭击之后，欧盟的反恐立法和政策才真正开始快速发展起来。可以说，恐怖主义威胁越紧迫，欧盟反恐法的范围就越宽泛，惩罚越严格，并随着恐怖主义威胁方式的演变调整重点。如果恐怖主义活动不活跃，欧盟在反恐领域则很难获得政治动力。

二 多边规则的同步性

欧盟反恐法的发展过程中，联合国领导的有效的多边反恐体系对欧盟反恐法的内容产生了很大的影响。此外，欧盟也很重视欧洲委员会有关公约的规定。这个特点通过第二、三、四章的论述能得到充分体现。欧盟反恐刑法方面，《打击恐怖主义框架决定》的定义汇集了联合国反恐相关公约的关键要素。每一项行为都与相关的国际条约对应，在许多情况下与国际条约的规定是重复的。

而在欧盟反恐融资法方面，联合国的《制止恐怖主义融资公约》、欧洲委员会的两个反洗钱公约和金融特别行动工作组的建议，都是欧盟反洗钱指令的重要参考对象。欧盟还注意及时更新，保持与多边规则的同步。这种情况在欧盟反恐金融制裁中体现得最为清晰，与联合国的有关决议保持积极一致。多边、区域反恐规则保持一致标准，能够体现欧盟对多边规则的支持，使其成为一个积极的反恐主体，在多边反恐中发挥更重要的作用。值得注意的是，欧盟在参考多边规则的基础上，往往还会稍加区别制定更高的标准，填补多边规则的疏漏和缺点。这也符合欧盟对自身在发展国际法规则中作用的定位。

三 规则性质的预先性

应该说，早期欧盟反恐法并没有体现出太明显的预先性防卫性质。但是随着安全危机的迫近和演化，欧盟对恐怖主义的态度越来越严厉。欧盟反恐法的各个组成部分都体现出了预先性防卫的特点。

欧盟反恐刑法方面，在后巴黎—布鲁塞尔时期，欧盟集中体现出对大规模监控和情报分析的重视，对预防恐怖袭击能力的追求。《打击恐怖主义指令》提前对恐怖主义嫌疑人员采取控制，重视现在的和未来的安全，通过刑法的惩罚性功能加强其预防能力，逐步增加的超前性内容，可罚性范围的拓宽等，都能体现欧盟反恐刑法的预先性防卫性质。这种发展趋势，充分体现了作为欧洲安全实践核心特征的预先性决策。

欧盟反恐融资法方面，洗钱指令在怀疑的基础上捕获范围广泛的目标，然后依靠私营金融机构、金融情报单位和执法当局行使的酌处权来辨别有罪和无辜，体现的正是基于普遍怀疑而进行的监管。此外，对合法以及非法资金的广泛怀疑和大规模监控标志着从预防模式向预先性防卫模式的演化。欧盟洗钱指令的发展过程，更多体现的是越来越多的数据和情报信息，越来越广泛的怀疑范围和越来越提前的预防措施，是预先性防卫的反恐模式。

欧盟反恐金融制裁方面，更是明显超出了预防和惩罚的范畴。通过分析冻结涉恐资产制裁，笔者认为这种反恐措施是为了及时控制有潜在威胁性的资产，但又不愿意提供与制裁强度相匹配的人权保护或是接受审查。反恐金融制裁强度大，影响时间长，超出了预防的范畴，但又不具备刑事制裁的目的。因此，该制度更多体现了欧盟通过对恐怖主义"控制"来实现安全目标的倾向。实施有针对性的资产冻结制裁意味着目标能力的丧失，这种控制能充分体现预先性防卫的特点。

欧盟反恐合作机制方面，呈现出逐渐向监控和情报收集模式倾斜的发展趋势。监控与预测分析的加强和执法权力扩大的结合，带来的是明显的反恐合作预先性转向。欧盟反恐合作机制希望对所有人员进行风险评估，获得情报，从而在已知的和未知的嫌疑人之间建立联系，在此基础上执法机构实现预防与控制。随着欧盟扩大监控的规模，反恐监控从刑事司法系统扩散到全社会。但是，欧盟却没有建设与之相称的监督和保障机制，对可能出现的数据滥用和侵权等问题难以进行有效监管和保护。

四 实际作用的辅助性

辅助性是由欧盟与成员国在反恐领域的权能划分决定的，欧盟反恐法的发展进程也能体现这一点。欧盟基础条约的具体规则，决定了欧盟在安全议题上起辅助和补充的作用，主要的权力和影响来自成员国。另外，从欧盟反恐法的立法过程也能发现，成员国的意志通过法律文件体现得很明显。一方面，成员国希望将欧盟作为一个促进联盟内反恐合作的有效平台，让欧盟制定一些共同标准和规则，协调联盟的反恐交流与合作。欧盟也确实发挥了积极作用，欧盟反恐法就是这样逐渐发展起来的。但另一方面，成员国又不愿意受欧盟太多约束，愿意在反恐方面保持自由度。《打击恐怖主义框架决定》的规定和糟糕的执行状态能充分体现这一点。这种成员国主导的区域反恐模式，也是欧盟反恐法体现出应急性的原因。因为没有严重的安全威胁，欧盟层面的反恐立法和措施就得不到来自成员国的足够政治动力。

总的来说，预先性防卫是欧盟反恐法最鲜明的特征。它扩张了行政权力，提前了刑法介入时间，改变了传统刑法的原则，提高了监控的规模和程度，让欧盟反恐法向着重视控制和预防的方向发展。

第二节　塑造欧盟反恐法的主要因素

一　治理能力的体现

在"9·11事件"之前，欧盟在安全领域几乎毫无作为。但在美国遭受恐怖袭击后不久，欧盟就通过积极的反恐措施和对策，成为值得注意的反恐主体。发展到今天，欧盟已经是一个机制庞大、行动活跃的多边反恐主体。这一切都要从欧盟决定要进行反恐治理开始。欧盟反恐法就是它有力的治理工具。

因此，面对恐怖主义威胁，欧盟一次次采取积极措施，以回应对它有安全期待的各成员国和欧盟公民。政治压力是推动欧盟反恐法预防性转向的重要原因。虽然反恐有关的刑事合作与情报交流一直是成员国主权范围内的事项，欧盟起辅助作用，但欧盟一直关注安全问题，并对此负有一定责任。一方面，欧盟作为一个承诺内部自由迁徙的一体化国际组织，有必要对恐怖主义这种严重的跨境安全威胁进行协调一致的回应。恐怖主义威胁具有跨国性质,仅凭各国自己的力量无法有效遏制。发生在一个国家内部的风险,可能会影响其他国家,巴黎—布鲁塞尔恐怖袭击的组织和人员构成也充分证明了这一点。这是欧盟发展反恐法和反恐刑事合作的原因之一,要防止欧盟内部可传染的跨国恐怖主义活动。成员国在恐怖袭击后也为欧盟反恐法的发展提供了政治动力,使新的立法在短时间内迅速通过。

此外,恐怖主义行为导致对人身安全的严重威胁。恐怖主义具有恐吓效果,受害者广泛,不仅包括遭受直接袭击和威胁的人员,还是影响全球的安全威胁。尽管成为恐怖主义直接受害者的实际可能性相当小,但恐怖主义引起的恐慌以及恐怖袭击对经济、贸易、旅游业甚至国家和区域治理能力的负面影响,很容易导致大众情绪不稳。因此,作为安全保障,政府需要对恐怖主义采取行动,或是至少被认为在积极应对恐怖主义威胁。欧盟的情况也是如此。欧盟作为一个重视保护人权和基本自由的国际组织,有责任保护平民对安全的追求和生存的权利,使其不受恐怖主义犯罪的损害。当前欧盟遭受的恐怖袭击多表现为发生在公共场所的无差别大规模的屠杀,造成欧盟公民生命财产的损失和严重的精神冲击。因此,社会大众对欧盟的安全保障功能有更多的期待。维护欧盟安全和秩序的政治压力,使反恐成为欧盟的核心议题。在这种情况下,更新反恐法是欧盟应对恐怖主义的一个有吸引力的选择。

二 外部趋势的影响

(一) 联合国对反恐立法的导向

在2001年9月11日的袭击之后,反恐领域出现的趋势是全世界范围内反恐立法数量的大幅度增加。许多国家拟定或是新增了反恐立法。这与联合国作为多边反恐体系的引导者，对反恐立法的支持和影响是分不开的。这一点通过前文论述的联合国有关决议和公约能得到充分体现。例如，呼吁国际合作打击恐怖主义，并提请注意资助恐怖主义的现象，切断对恐怖主义活动的支持，收集和分享情报与国际合作的第 1373 号决议等。联合国在"9·11事件"后对反恐法的重视，使各国各区域也倾向于与其保持一致，欧盟也是如此。

（二）重要国家的影响

全球化背景下，恐怖主义这种跨境安全威胁使得各国和各区域组织在考虑应对之策时，更多地注意其他国家的成功例子，并考虑借鉴和移植这些法律。在这种情况下，有影响力的大国的成功经验，更容易被其他国家借鉴。"9·11事件"之后，美国的反恐模式对其盟国的反恐政策产生了影响。[1]一些国家选择实施类似于美国《爱国者法案》的条款。[2]英国2001年《打击恐怖主义，犯罪和安全法》等立法都与美国《爱国者法案》有相似之处。美国的有关反恐措施也对联合国产生了影响，进而影响了欧盟反恐法。欧盟反恐融资法的内容就是对美国融资倡议的回应。从内容和运行模式来看，欧盟反恐融资法深受美国对恐怖主义威胁分析的影响。欧盟推动的报告制度，基于美国在"9·11事件"后采取的方法。欧盟的冻结资产制裁在很大程度上也是受美国的影响。美国通过其对国际事务和安理会决策的影响，扩散了本国的反恐模式和理念，从而影响了欧盟。

---

[1] David P. Forsythe, "The United States, p.Protecting Human Dignity in an Era of Insecurity", in Alison Brysk and Gershon Shafir, *National Insecurity and Human Rights:Democracies Debate Counterterrorism* , Berkeley: University of California Press, 2007, pp.37–55.

[2] Beth Elise Whitaker, "Exporting the Patriot Act? Democracy and the 'War onTerror' in the Third World", *Third World Quarterly*, Vol.28, Issue 5, 2007, pp.1017–1032.

（三）主要成员国的作用

成员国国内法对欧盟反恐法的影响非常大。从某种意义上说，这是由欧盟反恐权能划分决定的。许多欧盟反恐法能反映成员国的国内反恐法和反恐政策的内容。这方面最典型的例子，是英国对欧盟反恐的影响。欧盟最重要的反恐政策文件——《欧盟反恐战略》就是在英国主导下制定的，反映了英国对预防的重视，影响了其后的反恐立法和政策。发展到今天，预防的目标已经渗透到其他的反恐目标之中，体现在欧盟反恐法的许多领域。另外一个对欧盟反恐政策具有影响的国家是法国。在巴黎—布鲁塞尔恐怖袭击之后，法国对其国内反恐法的更新重点，也体现到欧盟《打击恐怖主义指令》之中。

三　路径依赖使欧盟选择刑法反恐

根据路径依赖的逻辑，一个国家可能因为先前制定过反恐立法而决定采用新的反恐立法。一旦这种立法到位，它可能限制反恐措施的种类，使立法成为首选。由于路径依赖的机制，今后关于反恐的任何讨论都可能倾向于制度法律。这种逻辑也许能用来说明欧盟对反恐工具的选择。

一方面，欧洲在历史上遭受过多次恐怖主义袭击，欧洲各国有较为充分的应对恐怖主义的经验，有些国家在"9·11事件"之前就有反恐专门立法，或是在其他法律中规定了反恐条款。有这种经验在先，当"9·11事件"发生之后，各国在考虑采取怎样的应对措施时，成员国主导的欧盟选择刑法是非常自然的，因为这是它们最熟悉的反恐工具。因此，虽然传统恐怖主义与当今的国际恐怖主义在许多方面区别很大，欧盟依然坚持了以传统警务合作为基础发展起来的，以刑法和刑事司法合作为主的反恐方法。近20年的发展过程中，使用刑法反恐也出现了各种问题，有对反恐模式是否合适的讨论，预防目标也对刑法的原则和目的造成了损害。但即便如此，欧盟也没有改变自"9·11事件"之后一直采取的反恐模式。

四 刑法的预防性发展影响欧盟反恐法的特点

成员国在欧盟层面采取反恐措施时，会利用自身的影响，将国内反恐政策和反恐法的规定移植、适用在欧盟相关反恐文件中。如果从国内法的角度观察，再注意国际上当前刑法规则的特点，就不难理解欧盟反恐法为何逐渐转向预先性防卫。

以对欧盟反恐法影响最突出的英国为例，英国的刑事司法就呈现出预防性的发展趋势。例如，在刑法领域不断增加对严重犯罪的非完整形态的规定，包括未遂犯、教唆犯、共谋犯等；将其中一些尚欠缺实行行为要素的行为独立成罪，作为实质预备犯，以更为有效地预防犯罪。未完成犯罪形态使用范围的扩张是刑法预防性增强的首要标志[1]，主要集中于与组织、领导、参加恐怖组织罪相关的刑事实体法之中。随着可罚性范围的扩张，犯罪主观要素的重要性日益彰显，客观要素与作为公共安全的法益之间的距离愈加遥远，关联性也更加模糊。英国2006年《反恐怖主义法案》增设了3种恐怖组织犯罪的行为，甚为宽泛与抽象，将仅具有抽象危险的预备行为进行犯罪化，使得刑事处罚的界限被进一步前置。这种修改的后果是将仅存在犯罪动机却无任何实际行为的活动囊括其中，而且还是建立在对危险性进行主观推定的基础之上。

这种发生在英国国内刑法中的情形，几乎可以拿来直接描述2008年欧盟《打击恐怖主义框架决定》修正的内容。可见刑法的

---

[1] Lucia Zedner, Security, London: Routledge, 2009, p.73.

预防性发展趋势的普遍性。预防必要性逐渐成为界定罚与不罚、罪与非罪以及其他权利限缩手段的首要标准，越来越多的惩罚通过人身危险性、主观意识形态而非行为的客观危害性得以正当化。究其原因，按照学者安德鲁·阿什沃思（Andrew Ashworth）的观点，预防性变革是以控制风险为目的、对于人身危险性的前置化控制，从而更为有效地预防犯罪，保障社会安全。这种趋势并不只是英国才有，除英国之外，在西方的许多国家，近年来刑法以及刑事法体系对犯罪预防的强调尤其明显，且在英、美法系与大陆法系国家实践中都有所展现。[①]

刑法之所以产生预防性发展，可以追溯至由于出现大量失业与社会不公平导致犯罪率上升，国家因而加大对社会的控制，刑事的介入方式转向追究行为主体的责任，从而在最大限度上防止犯罪。"9·11事件"为代表的恐怖组织带来的安全危机，更是加速了预防性发展的进程。这种趋势是为了遏制犯罪，追求安全而出现。安全需求的高涨，为行政权力扩大提供了更多的可能，也在一定程度上侵蚀了民主和法治性的保障机制，这些机制正是为了限制国家权力，保护个人自由而发展出来的。这种预防性趋势对实现刑法的社会规制功能更为重视，法治和制约权力不是它的重点。因此，这就又回到了本书反复提到的问题，如何在实现预防目的的情况下，不影响反恐刑法的原则和重要规则，不以损抑人权和法治为代价，这应该是欧盟反恐法未来需要解决的重要问题。

---

① 冀莹：《"英国预防性刑事司法"评介与启示》，《政治与法律》2014年第9期。

第三节　展望欧盟反恐法的未来

　　刑事司法系统的传统目标之一是惩罚。逮捕被怀疑犯罪的个人，按刑事正当程序制伏他们，向被判有罪的对象施加刑罚。刑事司法系统另一个传统目标是预防。执法机关使用各种方式来防止犯罪发生，例如基于对个人或团体的怀疑进行针对性监控。无论是惩罚还是预防，刑事司法活动只能以确凿的证据为基础。但是，欧盟反恐法在这个问题上发生了决定性的改变。因为恐怖主义威胁的破坏性后果，尽可能避免威胁发生逐渐成为欧盟反恐的主要目的。现阶段的预防包括没有确凿的伤害证据但较之普遍意义上的预防而言更高程度的干涉。这意味着对无差别大规模监控和情报数据的重视，以及刑法更早的介入。在这种缺乏针对性怀疑的情况下，人人都是被怀疑的对象。应该说，欧盟为应对恐怖主义改变了传统的刑事司法目标，而且在这个过程中牺牲了欧盟一向重视的法治和个人权利。

　　欧盟反恐需要模式改革和方向调整。就反恐模式而言，反恐本质上有保护公共安全与个人生命财产安全的作用，但欧盟反恐法因为要实现安全目标而压缩了对人权的保护。这种矛盾的产生与欧盟反恐法发展的模式有关。对各成员国而言，反恐是重要的安全议题，需要欧盟层面一致的回应。但是，反恐涉及国家主权与安全，都是成员国不愿意让渡权力的敏感领域。在欧盟现有权能和机构设置之下，纵观欧盟反恐法的发展历程可以发现，每次快速发展都是由大规模恐怖主义袭击驱动的，只有严重的安全威胁能迫使成员国就反恐问题在让渡权力和集体行动方面达成一致。这种风险驱动的反恐立法虽然能针对恐怖主义威胁的演变做出回应，但缺陷也十分明显：欧盟反恐立法数量庞大，也有各种类型的反恐机关，但依然呈现碎片化和冗繁的状态，存在机构功能不明和重叠的现象。虽然欧盟越来越重视情报合作，但成员国之间和欧盟与成员国之间的情报合作却因为成员国缺乏足够的意愿和信任而难以发展。巴黎—布鲁塞尔恐怖袭击发生之后成员国情报系统饱受批评，真正的问题是情报交流不到位而不是无法获取情报。因此，欧盟反恐面临的问题是结构性的，解决的关键不是更多的反恐立法和设置更多的反恐机构，而是质量更高、程度更深、更有效的反恐合作与切实执行反恐立法。这就需要成员国在安全领域让渡更多主权，在注重危机预防的同时加强欧盟的反恐能力。就反恐方向而言，"9·11事件"之后，恐怖主义的活动模式已经发生了很大的变化，欧盟区域面临的恐怖主义威胁也有与其他地区不同的特点，需要更有针对性的反恐举措，及时对情势变更的局面做出反应和调整。例如在反恐金融制裁方面，欧洲的宗教极端主义团体没有太多外部资金流动，倾向于自我供资。而且，关于恐怖主义活动的现有数据显示，欧洲的传统国内恐怖主义团体也不需要大量资金进行致命的攻击。这表明对欧盟来说，反恐金融制裁的方向需要调整。不仅要注意跨国性质恐怖主义行动，更重要的是其表现形式。

但是，欧盟当前对反恐的重视主要反映在新的反恐立法和既有反恐法的更新方面，具体模式依然是扩大遏制范围，增强惩罚力度，传统模式很难改变。而且，面临着英国脱欧等重大事件，当前欧盟局势动荡，安全一体化的向心力降低，很难对权能和方向调整做出反应。此外，考虑到欧洲各国根深蒂固的安全心态，情报和警察部门的工作传统，除非再次出现非常严重的安全危机，否则成员国继续让渡主权，在安全方面进一步实现一体化或是调整反恐的目标，是不可能的。欧盟反恐法进一步发展面临的结构性问题，很难得到解决。

参考文献

一 外文著作

Andrea de Guttry, Francesca Capone, and Christophe Paulussen, *Foreign Fighters under International Law and Beyond*, the Hague: T.M.C. Asser Press, 2016.

Karen J. Alter, *Establishing the Supremacy of European Law: The Making of an International Rule of Law in Europe*, Oxford: Oxford University Press, 2001.

Kern Alexander, Rahul Dhumale, and John Eatwell, *Global Governance of Financial Systems: The International Regulation of Systemic Risk*, New York: Oxford University Press, 2005.

Cass Robert Sunstein, *Laws of Fear: Beyond the Precautionary Principle*, Cambridge: Cambridge University Press, 2005.

Clive Walker, *Terrorism and the Law*, Oxford: Oxford University Press, 2011.

Clive Walker, *Blackstone's Guide to the Anti-Terrorism Legislation*, Oxford: Oxford University Press, 2009.

Cian C. Murphy, *EU Counter-Terrorism Law, Pre-Emption and the Rule of Law*, Hart Publishing, 2012.

Christian Kaunert and Sarah Léonard, *European Security, Terrorism and Intelligence Tackling New Security Challenges in Europe*, London:

Palgrave Macmillan, 2013.

Christina Eckes, *EU Counter-Terrorist Policies and Fundamental Rights: The Case of Individual Sanctions*, Oxford: Oxford University Press, 2009.

Diego Acosta Arcarazo and Cian C Murphy, *EU Security and Justice Law After Lisbon and Stockholm,* Hart Publishing, 2014.

Erling Johannes Husabø and Ingvild Bruce, *Fighting Terrorism through Multilevel Criminal Legislation: Security Council Resolution 1373, the EU Framework Decision on Combating Terrorism and Their Implementation in Nordic, Dutch and German Criminal Law*, Leiden: Martinus Nijhoff Publishers, 2009.

Fiona de Londras, *Detention in the "War on Terror": Can Human Rights Fight Back?* Cambridge: Cambridge University Press, 2011.

Fiona de Londras and Josephine Doody, The Impact, Legitimacy and Effectiveness of EU Counter-Terrorism, Oxford: Routledge, 2015.

Gavin Sullivan and Ben Hayes, *Blacklisted: Targeted Sanctions, Pre-Emptive Security and Fundamental Rights*, Berlin: European Centre for Constitutional and Human Rights, 2011.

Giovanna Borradori, *Philosophy in a Time of Terror: Dialogues with Jürgen Habermas and Jacques Derrida*, Chicago: University of Chicago Press, 2003.

Jae-myong Koh, *Suppressing Terrorist Financing and Money Laundering*, New York: Springer, 2006.

Louise Amoore and Marieke Marieke de Goede , *Risk and the War on Terror*, London: Routledge, 2008.

Maria O'Neill, The Evolving EU Counter-Terrorism Legal Framework,

Oxford: Routledge, 2012.

Paul Craig, *The Lisbon Treaty: Law, Politics and Treaty Reform*, Oxford: Oxford University Press, 2010.

Raphael Bossong, *The Evolution of EU Counter-Terrorism: European Security Policy after 9/11*, London: Routledge, 2012.

Raphael Bossong and Helena Carrapico, *EU Borders and Shifting Internal Security, Technology, Externalization and Accountability*, Switzerland: Springer International Publishing, 2016.

Tom Bingham, *The Rule of Law*, London: Allen Lane, 2010.

Ulrich Beck, *Risk Society: Towards a New Modernity*, London: Sage Publications, 1992.

Wouter H. Muller, Christian H. Kälin, and John G. Goldsworth, *Anti-Money Laundering: International Law and Practice*, West Sussex: John Wiley & Sons Ltd., 2012.

二 外文论文

Alex Mackenzie, Oldrich Bures, Christian Kaunert & Sarah Léonard, "The European Union Counter-terrorism Coordinator and the External Dimension of the European Union Counter-terrorism Policy", *Perspectives on European Politics and Society*, Vol.14, Issue 3, 2013.

Alexandros Khoury, "Is it Time for an EU Definition of the Precautionary Principle?", *King's Law Journal*, Vol.21, 2010.

Anderw Ashworth, "Criminal Law, Human Rights and Preventative Justice" In B. McSherry, A. Norrie, and S. Bronitt, *Regulating Deviance: The Redirection of Criminalisation and the Futures of Criminal Law*, Oxford: Hart Publishing, 2009.

Andrew Ashworth, "Four Threats to the Presumption of Innocence", *International Journal of Evidence and Proof*, Vol.10, Issue 4, 2006.

Anna Gardella, "The Fight Against the Financing of Terrorism between Judicial and Regulatory Co-operation" In A. Bianchi, *Enforcing International Law Norms Against Terrorism*, Oxford: Hart Publishing, 2004.

Anne Stenersen, "Jihadism after the 'Caliphate': Towards a New Typology", *British Journal of Middle Eastern Studies*, 2018.

Antonio Cassese, "The Multifaceted Criminal Notion of Terrorism in International Law", *Journal of International Criminal Justice*, Vol.4, No.5, 2006.

Ariadna H. Ochnio, "Between the Medium and the Minimum Options to Regulate Mutual Recognition of Confiscation Orders", *New Journal of European Criminal Law*, Vol.9, Issue 4, 2018.

Bart Schuurman, "Research on Terrorism, 2007–2016: A Review of Data, Methods, and Authorship", *Terrorism and Political Violence*, 2018.

Ben Saul, "International Terrorism as a European Crime: The Policy Rationale for Criminalization", *European Journal of Crime, Criminal Law and Criminal Justice*, Vol.11, 2003.

Christian Kaunert, Sarah Léonard and Alex MacKenzie, "The European Parliament in the External Dimension of EU Counter-terrorism: More Actorness, Accountability and Oversight 10 Years on", *Intelligence and National Security*, Vol.30, Issue 2–3, 2015.

Christian Kaunert, Sarah Léonard, and Alex MacKenzie, "The Social Construction of an EU Interest in Counter-terrorism: US Influence and Internal Struggles in the Cases of PNR and SWIFT", *European*

Security, Vol.21, Issue 4, 2012.

Christina Eckes, "Judicial Review of European Anti-Terrorism Measures: The Yusuf and Kadi Judgments of the Court of First Instance", *European Law Journal*, 2008, Vol.14.

Christopher Baker-Beall, "The evolution of the European Union's 'Fight Against Terrorism' Discourse: Constructing the Terrorist 'Other'", *Cooperation and Conflict*, Vol. 49, Issue 2, 2013.

Cian C. Murphy, "Transnational Counter-terrorism Law: Law, Power and Legitimacy in the 'Wars on Terror'", *Transnational Legal Theory*, Vol.6, Issue.1, 2015.

Claire Hamilton and Giulia Berlusconi, "Contagion, Counterterrorism and Criminology: The Case of France", *Criminology & Criminal Justice*, Vol.18, Issue 5, 2018.

Clare Hamilton, "The European Union: Sword or shield? Comparing Counter Terrorism Law in the EU and the USA after 9/11", *Theoretical Criminology*, Vol.22, Issue 2, 2018.

Conny Rijken, "Re-balancing Security and Justice: Protection of Fundamental Rights in Police and Judicial Cooperation in Criminal Matters", *Common Market Law Review*, Vol.47, 2010.

Dieter Kugelmann and Christina Kosin, "Surveillance Powers of the Police and the Protection of Personal Data", in Ralf Alleweldt and Guido Fickenscher, *The Police and International Human Rights Law*, Cham: Springer International Publishing AG, 2018.

Dorota Leczykiewicz, "Constitutional Conflicts and the Third Pillar", *European Law Review*, Vol.33, 2008.

Elena Pokalova, "Legislative Responses to Terrorism: What Drives

States to Adopt New Counterterrorism Legislation?" *Terrorism and Political Violence*, Vol.27, 2015.

Eugenia Dumitriu, "The EU's Definition of Terrorism: The Council Framework Decision on Combating Terrorism", *German Law Journal*, Vol.5, 2004.

Grainne De Burca, "The EU, the European Court of Justice and the International Legal Order after Kadi", *Harvard International Law Journal*, Vol.51, No.1, 2010.

Jan Komárek, "European Constitutionalism and the European Arrest Warrant: In Search of the Limits of 'Contrapunctual Principles'", *Common Market Law Review*, Vol.44, 2007.

John D. Occhipinti, "Still Moving Toward a European FBI? Re-Examining the Politics of EU Police Cooperation", *Intelligence and National Security*, Vol.30, Issue 2–3.

Jørn Vestergaard, "Restrictive Measures in the Fights Against Terrorism: The UN System and the European Courts", *New Journal of European Criminal Law*, 2019.

Jörg Monar, "EU Internal Security Governance: The Case of Counter-terrorism", *European Security*, Vol.23, Issue 2, 2014.

Jörg Monar, "Eurojust and the European Public Prosecutor Perspective: From Cooperation to Integration in EU Criminal Justice", *Perspectives on European Politics and Society*, Vol.14, Issue 3, 2013.

Jörg Monar, "The EU's Approach post-September 11: Global Terrorism as a Multidimensional Law Enforcement Challenge", *Cambridge Review of International Affairs*, Vol.20, Issue 2, 2007.

Jude McCulloch and Sharon Pickering, "Pre-crime and Counter-terrorism: Imagining Future Crime in the 'War on Terror'", *British Journal of Criminology*, Vol.49, 2009.

Justyna Maliszewska-Nienartowicz, "A New Chapter in the EU Counterterrorism Policy? The Main Changes Introduced by the Directive 2017/541 on Combating Terrorism", *Polish Yearbook of International Law*, Vol. 37, 2017.

Karl-Heinz Ladeur, "The Introduction of the Precautionary Principle into EU Law: A Pyrrhic Victory for Environmental and Public Health Law? Decision-Making Under Conditions of Complexity in Multi-level Political Systems", *Common Market Law Review*, Vol.40, 2003.

Kim Lane Scheppele, "The Migration of Anti-Constitutional Ideas: The Post-9/11 Globalization of Public Law and the International State of Emergency" In S. Choudhry, *The Migration of Constitutional Ideas*, Oxford: Oxford University Press, 2006.

Kimmo Nuotio, "Terrorism as a Catalyst for the Emergence, Harmonisation and Reform of Criminal Law", *Journal of International Criminal Justice*, Vol.4, 2006.

Louise Amoore, "Risk before Justice: When the Law Contests its own Suspension", *Leiden Journal of International Law*, 2008.

Louise Amoore and Marieke de Goede, "Governance, Risk and Dataveillance in the War on Terror", *Crime, Law and Social Change*, 2005.

Lauri Lugna, "Insitutional Framework of the European Union Counter-Terrorism Policy Setting", *Baltic Security and Defence Review*, Vol.8, 2006.

Lucia Zedner, "Fixing the Future? The Pre-emption Turn in Criminal

Justice" In B. McSherry, A. Norrie, and S. Bronitt, *Regulating Deviance: The Redirection of Criminalisation and the Futures of Criminal Law*, Oxford: Hart Publishing, 2009.

Madalina Busuioc and Martijn Groenleer, "Beyond Design: The Evolution of Europol and Eurojust", *Perspectives on European Politics and Society*, Vol.14, Issue 3, 2013.

Mai'a K. Davis Cross, "A European Transgovernmental Intelligence Network and the Role of IntCen", *Perspectives on European Politics and Society*, Vol.14, Issue 3, 2013.

Mathieu Deflem, "Europol and the Policing of International Terrorism: Counter - Terrorism in a Global Perspective", *Justice Quarterly*, Vol.23, Issue 3, 2006.

Marieke de Goede, "The Politics of Preemption and the War on Terror in Europe", *European Journal of International Relations*, Vol.14, 2008.

Martin Scheinin, "Is the ECJ Ruling in Kadi Incompatible with International Law?" *Yearbook of European Law*, Oxford: Oxford University Press, 2009.

Monica Den Boer, "Counter-Terrorism, Security and Intelligence in the EU: Governance Challenges for Collection, Exchange and Analysis", *Intelligence and National Security*, Vol.30, Issue 2-3, 2015.

Monica Den Boer and Irina Wiegand, "From Convergence to Deep Integration: Evaluating the Impact of EU Counter-Terrorism Strategies on Domestic Arenas", *Intelligence and National Security*, Vol.30, Issue 2-3, 2015.

Monica Den Boer, C. Hillebrand, and A. Nolke, "Legitimacy under Pressure: The European Web of Counter-Terrorism Networks",

Journal of Common Market Studies, 2008, Vol.46.

Nikos Passas, "Setting Global CFT Standards: A Critique and Suggestions", *Journal of Money Laundering Control*, Vol.9, 2006.

Oldrich Bures, "Intelligence Sharing and the Fight against Terrorism in the Eu: Lessons Learned from Europol", *European View*, Vol.15, Issue 1, 2016.

Oldrich Bures, "Informal Counterterrorism Arrangements in Europe: Beauty by Variety or Duplicity by Abundance?" *Cooperation and Conflict*, Vol.47, Issue 4, 2012.

Oldrich Bures, "EU's Fight against Terrorist Finances: Internal Shortcomings and Unsuitable External Models", *Terrorism and Political Violence*, Vol.22, 2010.

Oliver Kessler, "Is Risk Changing the Politics of Legal Argumentation?" *Leiden Journal of International Law*, Vol.21, 2008.

Piet Hein van Kempen and Joeri Bemelmans, "EU Protection of the Substantive Criminal Law Principles of Guilt and ne bis in idem under the Charter of Fundamental Rights: Underdevelopment and Overdevelopment in an Incomplete Criminal Justice Framework", *New Journal of European Criminal Law*, Vol.9, Issue 2, 2018.

Raphael Bossong, "The Action Plan on Combating Terrorism: A Flawed Instrument of EU Security Governance", *Journal of Common Market Studies*, Vol.46, No.1, 2008.

Richard Jackson, "An Analysis of EU Counterterrorism Discourse post-September 11", *Cambridge Review of International Affairs*, Vol.20, 2007.

Sarah Wolff and Adriaan Schout, "Frontex as Agency: More of the Same",

Perspectives on European Politics and Society, Vol.14, Issue 3.

Stephen Rozée, Christian Kaunert, and Sarah Léonard, "Is Europol a Comprehensive Policing Actor?" *Perspectives on European Politics and Society*, Vol.14, Issue 3.

Steve Peers, "EU Responses to Terrorism", *International and Comparative Law Quarterly*, Vol.52, 2003.

Takis Tridimas, "Economic, Sanctions, Procedural Rights and Judicial Scrutiny: Post-Kadi Developments", *Cambridge Yearbook of European Legal Studies*, 2010.

Todd Sandler, "Terrorism and Counterterrorism: An Overview", *Oxford Economic Papers*, Vol. 67, Issue 1, January 2015.

Tiberiu Dragu and Mattias Polborn, "The Rule of Law in the Fight against Terrorism", *American Journal of Political Science*, Vol.58, Issue 2, 2014.

Valsamis Mitsilegas, "European Criminal Law and the Dangerous Citizen", *Maastricht Journal of European and Comparative Law*, Vol. 25, Issue 6, 2018.

Valsamis Mitsilegas and Bill Gilmore, "The EU Legislative Framework Against Money Laundering and Terrorist Finance: A Critical Analysis in the Light of Evolving Global Standards", *International and Comparative Law Quarterly*, Vol.56, 2007.

Veerle Heyvaert, "Facing the Consequences of the Precautionary Principle in European Community Law", *European Law Review*, Vol.31, 2006.

William Adair Davies, "Counter Terrorism Effectiveness to Jihadists in Western Europe and the United States: We Are Losing the War on Terror", *Studies in Conflict & Terrorism*, Vol.41, Issue 4, 2018.